I0166333

POÉSIES

DE

PROSPER BLANCHEMAIN

TOME CINQUIÈME

SONNETS ET FANTAISIES

PARIS

AUGUSTE AUBRY

Libraire de la Société des Bibliophiles

18, RUE SÉGUIER

M D CCC LXXV

POÉSIES

DE

PROSPER · BLANCHEMAIN

V

Ye

15598

IMPRIMÉ

PAR

DAUPELEY-GOUVERNEUR

A NOGENT-LE-ROTROU

ET TIRÉ A 500 EXEMPLAIRES

SAVOIR

Papier de Chine. . . . 10
Papier de couleur . . . 10
Papier de Hollande. . . 30
Papier vergé 150
Papier vélin 300

SONNETS

ET

FANTAISIES

PAR

PROSPER BLANCHEMAIN

Bibliothèque nationale / R.F. / Imprimés

PARIS

AUGUSTE AUBRY

Libraire de la Société des Bibliophiles

18, RUE SÉGUIER

—

M D CCC LXXV

SONNETS et FANTAISIES

SONNET I

A MARIE DÉSIRÉE

Comme elle fait briller aux yeux,
La muse, dans mon cœur éclose,
La soie et l'or dont se compose
Son vêtement capricieux!

Sur son front pur et gracieux
Que faut-il que ma main dispose?
Est-ce un riant bouton de rose;
Est-ce un Diamant précieux?

I.

Non! cette couronne sacrée
Qui complétera les atours
De ma Muse fraîche et parée,

C'est ton doux nom, mes seuls amours,
Ton nom que j'aime, ô Désirée,
Ton nom que j'aimerai toujours.

SONNET II

LA BIBLIOTHÈQUE

———

JE viens revoir encor l'asile où vous dormez,
Vieux livres, vieux amis, chers et doctes fantômes.
Je viens me consoler au milieu de vos tomes :
Vous seuls ne changez point, ô mes amis aimés!

On vous rouvre à la page où l'on vous a fermés;
Vous contez votre histoire ou vous chantez vos psaumes;
Peuples et rois tout meurt! Vous gardez vos royaumes,
Et du même parfum vous restez embaumés.

J'aime vos vieux vélins; j'aime vos marges blanches;
Je respire incliné la senteur des vieux jours;
J'admire avec respect la rougeur de vos tranches;

J'y crois voir une bouche aux éloquents discours;
Et, d'un doigt filial, j'ouvre ces lèvres franches,
Qui me parlent sans bruit et m'instruisent toujours.

SONNET III

LA TRISTESSE DE MARIE

INSPIRÉ PAR UN TABLEAU DE JUL. BOILLY

––––––––

VERS le berceau du fils qui s'éveille à ta voix,
Vierge sainte, pourquoi, tandis que tu t'inclines,
Tes yeux sont-ils pensifs et, sur tes mains divines,
Des pleurs mal retenus tombent-ils quelquefois?

Dans l'avenir lointain peut-être que tu vois
Le sombre Golgotha? Peut-être tu devines
Qu'un jour cet enfant calme, aux lèvres purpurines,
Pâle, entre deux larrons, pendra sur une croix !

Elève tes regards vers un ciel plus prospère,
O Vierge! et tu verras le trône révéré,
Où ton fils doit s'asseoir à la droite du Père,

Le trône où retentit déjà ce mot sacré :
« Venez à moi, vous tous dont le cœur désespère;
Vous qui versez des pleurs, je vous consolerai! »

SONNET IV

RONSARD

___

APPEL AUX POÈTES DU XIX° SIÈCLE

Quand la Muse a touché vos fronts chargés d'éclairs,
Quand votre rêve en fleurs à la reine se plie,
Poètes, songez-vous que la gloire est folie,
Qu'une haleine de mort souffle sur vos concerts ?

Entendez-vous chanter, dans ses parvis déserts,
La voix du vieux Ronsard, par l'espace affaiblie ?
Son siècle l'admirait et le nôtre l'oublie :
C'est notre ayeul... pour lui je viens quêter des vers.

J'ai rattaché les nerfs de sa lyre muette;
Vous, d'un injuste oubli vengez ses chants altiers,
Parfumez d'une fleur sa grande ombre inquiète;

Revendiquez sa gloire à d'ingrats héritiers,
Pour que sur vos tombeaux, un jour, quelque poète
Chante à son tour vos noms, et sème des lauriers !

Mai 1867.

SONNET V

A JOSÉPHIN SOULARY

Vous êtes le fin ciseleur !
Vous prenez un burin de flamme,
Et vous faites un amalgame
De la forme et de la couleur.

Le sonnet, ce calice en fleur,
Jaillit du creuset de votre âme,
Et vous y gravez tout le drame
De l'amour ou de la douleur.

Avec art votre esprit découpe
Le penser dont les vers se font :
L'œuvre rit, chatoie et se groupe ;

Puis, tenant le vase profond,
Comme Cléopâtre en sa coupe,
Vous jetez une perle au fond.

SONNET VI

L'ÉGYPTIENNE

POURQUOI la renier, l'Égypte, ta patrie,
Où le blé mûrissait deux fois sous le ciel bleu,
Où chaque être vivant dissimulait un Dieu,
Où tout était mystère et sainte idolâtrie?

Ses Pharaons sont morts, sa couronne est flétrie;
Mais elle a son Nil jaune et son soleil de feu.
Sa tristesse sied bien à ton profil hébreu,
Ses horizons sans fin vont à ta rêverie.

Tes yeux ont ce regard clair et voilé des sphinx,
Qui gardent à jamais, sur leurs faces de lynx,
Un masque de granit qu'aucun doigt ne soulève.

Mais je sais à quel prix Œdipe fut vainqueur.
De myrte et d'olivier j'enlacerai mon glaive;
Je trancherai l'énigme et te prendrai ton cœur.

Juin 1874.

SONNET VII

A THÉODORE DE BANVILLE

EN LUI DÉDIANT LES POÉSIES DE JACQUES TAHUREAU.

———

ELLE est morte en moi désormais,
Ami, la Muse qui t'enivre,
Et nul cadavre, las de vivre,
Ne s'est mieux couché pour jamais.

Je succombe ainsi qu'elle; mais,
Cher Banville, avant de la suivre,
J'ai tracé ton nom sur ce livre :
Il dira combien je t'aimais.

N'ayant plus en moi vers ni prose,
Je t'apporte un ancien livret;
Le cœur d'un poète y repose.

C'est comme si ma main t'offrait
Les pâles débris d'une rose,
Fanée au fond d'un vieux coffret.

SONNET VIII

A COSETTE

LA PETITE CHIENNE D'ALB. GLATIGNY

ENVOI DE MES POÉSIES

―――――――

O PETITE chienne Cosette,
Je t'offre ces in–octavos.
Qu'en diras-tu? deux ou trois os
Te plairaient mieux que ma Musette.

Tu dresses l'oreille, inquiète,
Et tu rentres dans ton repos,
Trouvant que j'ai mal à propos
Troublé ta sieste de poète.

Ton grand ami, bien que fort doux,
Renverra peut-être aux Indous
Mon livre, sonnets et sornettes.

Dis-lui qu'il le déchire exprès,
Et qu'il le tortille en boulettes,
Pour te faire courir après.

8 Mars 1872.

SONNET IX

L'IMPASSIBLE

ELLE a de grands yeux de velours
Si profonds que l'âme s'y noie;
Sa taille est un beau lys qui ploie,
Sous le vêtement aux plis lourds.

La musique de ses discours
Epanouit le cœur de joie;
Sa paupière aux longs cils de soie
Semble une aile qui bat toujours.

Sa lèvre est brillante et pourprée,
Sa joue a la teinte nacrée
Des coquillages de la mer.

Glaciale et d'ardeur vêtue;
C'est un marbre qui s'est fait chair
Et qui garde un cœur de statue.

SONNET X

SUR UN ALBUM

———

La Vie, enfant, est pareille à ce livre,
Où le passé, le présent, l'avenir,
Sèment ces fleurs, parfum du souvenir
Qui de tristesse ou d'espoir nous enivre.

Ces feuillets pleins furent des jours à vivre,
Rêves enfuis pour ne plus revenir;
Ceux-là, qu'on doit ou parer ou ternir,
Ont la blancheur du destin qui va suivre.

Si ces attraits, ces charmes, cet esprit,
Qui nous enchante et fait qu'on vous chérit,
D'un radieux avenir sont le gage,

En prose, en vers, vous parlant son langage,
Le mot Bonheur, par chaque main écrit,
De votre livre emplira chaque page.

SONNET XI

A L'AUTEUR DES CHANSONS D'AVRIL

OCT. LACROIX

———

AVRIL n'a pas encor de roses;
Mais, avec leurs fraîches couleurs,
Les premières feuilles décloses
Semblent plus belles que des fleurs.

C'est la primeur de toutes choses :
Les amours n'ont pas de douleurs,
Le printemps rit aux fronts moroses,
Et les oiseaux sont gazouilleurs.

En Mai, les fleurs deviendront belles,
L'oiseau chanteur, l'amour subtil;
Mais l'un et l'autre auront des ailes.

Hélas! tout cela vaudra-t-il
La verdeur des feuilles nouvelles,
Et les chansons du mois d'Avril?

1852.

JEUNE FILLE AUX PIEDS NUS

———

Ton œil est souriant et ton visage est doux,
Jeune fille aux pieds nus, qui passes sur la route.
Marche plus prudemment sur le sable, et redoute
De déchirer tes pieds au tranchant des cailloux.

Mais quand tu dis les airs que l'on chante chez nous,
Redoute plus encor le pâtre qui t'écoute.
Il te guette là-bas, sous le chêne, et sans doute
Il te racontera son cœur triste et jaloux.

Prends garde à lui, prends garde à ses tendres prières.
Les vierges dont les vœux penchent irrésolus
S'attachent à l'amour comme aux arbres les lierres.

L'homme est un flot qui passe... ô regrets superflus !
Tes pieds se guériront des blessures des pierres :
Les blessures du cœur ne se guérissent plus.

Juin 1870.

SONNET XIII

A ANT. DE LATOUR

———

SUR LA NOUVELLE ÉDITION DE SES POÉSIES

Tes vers, ô poète fidèle,
Beaux de leurs attraits ingénus,
A mon logis sont revenus,
Avec la première hirondelle.

Accourez tous à tire d'aile,
Muse chérie, oiseaux connus;
Annoncez aux échos émus
Que le printemps se renouvelle !

Quand l'hiver durcira le sol,
Les oiseaux, reprenant leur vol,
Fuiront le froid qui les décime.

Ta Muse, affrontant sa rigueur,
Amante de *la Vie Intime*,
Gardera son nid dans mon cœur.

Mai 1872.

SONNET XIV

REGINA CŒLI

A MADEMOISELLE RÉGINE D. F.

En ce jour, la terre à genoux
Adore une divine Reine;
C'est la bonté tendre et sereine,
La Vierge secourable à tous.

Jeune fille au front pur et doux,
Vous deviez l'avoir pour marraine,
Car le cortége qu'elle entraîne
Est formé d'Anges tels que vous.

Au milieu des foules mortelles
Vous passez, cœur silencieux,
Comme un oiseau qui bat des ailes;

Mais un rêve habite vos yeux,
Et l'on croit voir, dans vos prunelles,
Un lac profond qui reflète les cieux.

14 Août 1871.

A ÉMILE PÉHANT

AUTEUR DU POÈME D'OLIVIER DE CLISSON

EN LUI ADRESSANT MES POÉSIES

Sur les bords de Scyros, que bat le flot sans frein,
Homère allait chantant quelque grande épopée;
Et les Dieux, les héros, dans sa tête occupée,
S'entrechoquaient sanglants, avec un bruit d'airain.

Tout à coup répondit au rêveur souverain
La chanson d'un pasteur, sous la roche escarpée;
Or, laissant les guerriers reposer leur épée,
Le poète écouta le rustique refrain.

Vous aussi vous chantez les combats et les glaives;
Sous l'armure de fer, Du Guesclin et Clisson
Vivent ressuscités, dans l'éclat de vos rêves.

Tandis que votre voix donne aux cœurs le frisson,
J'imite le pasteur qui chantait sur les grèves.
Daignerez-vous, Poète, écouter ma chanson?

1869.

ATTENTE

Au loin ton œil regarde et ton oreille écoute;
Les deux bras sur le sein croisés négligemment,
Laissant au vent du soir flotter ton vêtement,
Tu t'assois anxieuse au rebord de la route.

C'est l'heure; et tu l'attends. Il va venir sans doute?...
Là-bas où le chemin, qui fuit incessamment,
Monte, et semble baiser le bord du firmament,
Ton âme dans les yeux, tu te concentres toute.

Rien n'apparaît... pourtant le sourire indécis
A desserré ta lèvre aux contours adoucis.
Comme deux cœurs épris aisément se répondent!

Un seul point s'est montré dans l'espace perdu
Où l'horizon lointain et le ciel se confondent;
Mais ton cœur te l'a dit : c'est l'amant attendu.

2.

A CLAUDE GIRARD

O Poète, ami des beaux jours,
Du printemps et de la verdure,
Puisse l'Avril, qui trop peu dure,
Sourire à vos jeunes amours !

La source aux rapides détours
Fuit sous bois, gazouillante et pure ;
Les nids sont pleins dans la ramure ;
Le Printemps renaîtra toujours.

Mais le printemps de la jeunesse
Sans retour s'envole, et nous laisse,
Trompant notre cœur affamé ;

Et l'amer regret nous dévore
De sentir qu'on n'est plus aimé,
Lorsqu'on voudrait aimer encore.

SONNET XVIII

COQUETTERIE

———

Dut-elle après le bal ployer sous ses tourments,
Eût-elle au fond de l'âme une douleur cruelle,
Qu'importe! il faut d'abord que la femme soit belle,
Et que son front scintille au feu des diamants.

Il faut que ses cheveux, son cou, ses bras charmants
Se parent de bijoux, de fleurs et de dentelle;
Qu'elle voile en riant, d'une grâce immortelle,
Son cœur navré d'angoisse et de déchirements.

Un insecte rongeur dévore tes pétales,
Beau lis, dont les boutons au matin sont ouverts;
Rien n'accuse au dehors tes souffrances fatales.

Qu'importe que ton cœur soit meurtri par les vers;
Il faut briller et vaincre entre les fleurs rivales,
Dût ta dépouille au soir s'envoler dans les airs!

SONNET XIX

A ÉMILE GRIMAUD

———

Va, sonnet, va trouver, au fond de sa Vendée,
Le poète enchanteur qui m'a donné des vers;
Et, quand le renouveau fleurira les prés verts,
Chante-lui ta chanson joyeusement brodée.

Voltige, oiseau jaseur! Par les sentiers couverts,
Par la prairie humide et de pommiers bordée,
Par la plaine qui fuit, de moissons inondée,
Suis-le; mêle tes chants à ses charmants concerts.

Et toi, Poète, et toi, couché sous le feuillage
Du troëne odorant, ce rustique lilas!
En respirant le thym et le genêt sauvage,

Si tu penses à moi quelquefois, tu diras :
— Entendez-vous l'oiseau qui gémit au Bocage?
C'est la voix de l'ami que je ne connais pas.

SONNET XX

MARGUERITE

———

PEUT-ÊTRE vous l'ignorez?
Votre doux nom, Marguerite,
Jadis avait le mérite
D'offrir deux sens séparés.

L'un disait la fleur des prés,
La fleur qu'avril ressuscite,
L'autre la perle d'élite
Aux reflets purs et nacrés.

Front candide et sans nuage,
Gardez la double valeur
De ce nom, votre héritage :

Marguerite, restez fleur
Par votre charmant visage,
Et perle par votre cœur.

A EMM. PHELIPPES-BEAULIEUX

L'oiseau voltige au bois et gazouille joyeux,
Au milieu des bouvreuils, des linots, des mésanges;
Mais il serait saisi de vertiges étranges,
S'il osait s'égaler à l'aigle audacieux.

Tel je suis. Je ne sais aux harpes d'or des cieux
Demander ces accents qui ravissent les anges,
Et n'ai point mérité cet encens de louanges,
Que répandent vos vers, parfum mélodieux.

Ne me décernez point la palme triomphale;
Mon front obscur se perd dans la foule oublié.
Ne cherchez pas en moi l'auréole idéale;

Mais une âme où tout vibre, amour, gloire ou pitié,
Mais un cœur simple et pur, mais une main loyale,
Prête à serrer la main que m'offre l'amitié.

1874.

SONNET XXII

A UN RELIGIEUX

Couvert de votre habit comme d'un blanc linceul,
Vous êtes donc heureux, ô Vénérable Père?
Oubliant, oublié, dans une paix prospère,
Si vous vivez encor, ce n'est que pour Dieu seul.

Non! vous ne vivez plus! Ailleurs votre âme espère;
Elle est comme l'encens du lys et du glaïeul.
Rachetant le péché du primitif aïeul,
Vous avez sous vos pieds écrasé la vipère.

Notre monde est pour vous comme s'il n'était pas.
Renonçant avant l'heure aux rêves d'ici-bas,
Vous n'avez plus de nom dans nos langues mortelles.

Vous êtes la brebis au bercail du Seigneur;
Pour remonter à lui vous demandez des ailes :
Vivre est pour vous le deuil, et mourir le bonheur.

A MARIE-DÉSIRÉE

MALADE

L E Printemps est à son aurore;
Déjà voici renaître Avril;
L'oiseau reprend son gai babil,
Et pourtant tu souffres encore.

A pareil jour, un peuple vil
Insultait celui qu'on adore,
Le Dieu que nul en vain n'implore;
Recours à lui dans ton péril.

Vois! j'ai cueilli ces aubépines,
Qui te diront : — « En tes douleurs,
Souviens-toi des douleurs divines!

» Quand tes maux t'arrachent des pleurs,
Songe au Dieu couronné d'épines;
Car les épines ont des fleurs! »

Jeudi-Saint 1871.

CHARITAS

POUR MADEMOISELLE LOUISE LOISY

DE METZ

———

REGARDEZ-LA passer, grande, svelte, l'œil noir,
Le profil grec, le front où la candeur respire,
Sereine, et, cependant, inhabile au sourire :
Elle est belle, et son cœur ne veut pas le savoir.

Elle a sacrifié son bonheur au devoir,
Quand le canon tonnait sur la cité martyre;
L'ardente charité la conduit et l'inspire.
Inclinez-vous! Dieu même est heureux de la voir!

Rendez-lui son sourire, à la triste exilée;
Assez elle a souffert lorsque, dans la mêlée,
Elle accourait au cri de nos soldats blessés,

La main pleine de baume et l'œil plein d'espérances :
Son regard guérissait ceux qu'elle avait pansés;
C'est la Vierge de Metz, l'ange des ambulances.

Vichy, août 1874.

SONNET XXV

A JULES BRETON

PEINTRE ET POÈTE

Votre Muse naquit un pinceau dans les doigts;
Tout est pour vous image et tout est symphonie :
La plaine verdoyante, ou glacée, ou jaunie,
L'océan sous les cieux, la source sous les bois.

Les grèves de Bretagne et les champs de l'Artois,
Inondés de rayons ou baignés d'harmonie,
Sous un double idéal charment votre génie ;
Car Dieu vous a donné la couleur et la voix.

Et vous peignez, poète, et vous chantez, artiste!
Votre âme, en vos tableaux, vibre joyeuse ou triste ;
Vos vers font chatoyer la pourpre et l'outremer.

Ainsi, dans cette conque aux volutes nacrées,
Où l'œil croit voir briller les vagues azurées,
L'oreille entend le flot et l'hymne de la mer.

1875.

PÉTRARQUE

ET L'OMBRE DE LAURE

DIALOGUE

PÉTRARQUE, pourquoi donc te courber sur ton livre;
Pourquoi veiller si tard sous la lampe qui luit?
— Pour apprendre! Mais toi, qui me parles la nuit,
Quel fut ton nom avant d'avoir cessé de vivre?

— Je suis l'âme de Laure. — O Reine qui m'enivre,
Pur esprit, dont l'amour de là-haut me conduit,
Dis-moi si le savoir dont j'amasse le fruit
Rendra mon nom fameux aux siècles qui vont suivre?

— Pétrarque, dans cent ans les enfants en sauront
Plus que toi; tes écrits tant vantés s'oublîront.
— Je serai donc vaincu par le temps qui dévore?

— Non! l'Amour, dont tes vers ont parfumé l'autel,
A consacré les noms de Pétrarque et de Laure :
En m'immortalisant tu t'es fait immortel!

‖‖‖‖‖‖‖‖‖‖‖‖‖‖‖‖‖‖‖‖‖‖‖‖‖

SONNET XXVII

L'INVITATION A LA VALSE

———

L'ADORABLE Allemande aux grands yeux de pervenche !
Sa tête s'inclinait comme au vent un roseau ;
Un léger incarnat nuançait le réseau
De sa peau délicate : elle était blonde et blanche.

Ses longs cheveux de lin roulaient en avalanche ;
C'était l'honneur du bal, et sa taille en fuseau
Du pieux Owerbeck eût tenté le pinceau...
Vers elle en souriant je m'approche et me penche :

— « Madame, voulez-vous m'accepter pour valseur ? »
Elle leva ses yeux rayonnants de douceur,
Sa tête ravissante et pleine d'espérance ;

Et moi, j'allais saisir sa main avec transport...
Dieu juste ! Elle portait une bague de France,
Arrachée à Sedan au doigt d'un soldat mort.

1874.

SONNET XXVIII

IMMONDICES

———

Puisqu'il est décrété, par la secte écarlate,
Que nous n'avons plus d'âme, et qu'un vrai citoyen,
Sitôt qu'il a cessé de vivre, n'est plus rien
Qu'un tas décomposé de boue et de phosphate;

Puisque, sous cet azur où le soleil éclate,
Tout est indifférent, le mal comme le bien;
Puisque l'homme sans Dieu doit crever comme un chien,
Inutile avorton d'une nature ingrate;

Pourquoi nous empester de putrides lambeaux,
Les mettre en des cercueils et sous des sépultures?
Pourquoi pleurer les morts? Jetons-les aux corbeaux!

Au cloaque! au fumier, les charognes impures!
De ces débris sans nom chargeons les tombereaux,
Qui ramassent de nuit la fange et les ordures!...

1873.

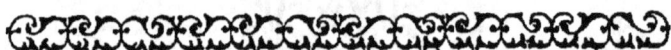

SONNET XXIX

LA BEAUTÉ DU DIABLE

———

Son œil ne peut se poser ;
Mais il séduit ceux qu'il touche,
Et l'on dirait qu'elle louche,
Pour se singulariser.

Elle ose, et tremble d'oser ;
Elle est hardie et farouche ;
Mais, comme un fruit mûr, sa bouche
Semble attendre un doux baiser.

Fuyez ! elle est redoutable !
Si son œil est inconstant,
Son cœur est plus variable.

Comment donc plaît-elle autant ?
Elle a la beauté du Diable...
Et le Diable est bien tentant !

SONNET XXX

SOLEIL COUCHANT

Le soleil se couchait dans des cieux tourmentés;
Les nuages dansaient une ronde macabre;
L'occident, coloré de pourpre et de cinabre,
Ne versait plus sur nous que de rouges clartés.

Je suivais des coteaux rocailleux et plantés
De bruyères, d'ajoncs, de grands pins de Calabre;
Le trèfle, le sainfoin et le nénuphar glabre
M'apportaient du vallon leurs parfums enchantés.

Or j'avais faim : le ventre est un Dieu sans vergogne.
Je songeais que le vin des grands crûs de Bourgogne
Avait, plus que ce ciel, d'incarnat et de feu,

Et que j'aimerais joindre à ses rubis liquides,
Non les parfums du soir, mais un fromage bleu
Ruisselant de saveurs gourmandes et fétides!

A M. LE COMTE HENRI SIMÉON

Un bon sonnet a de la majesté ;
Mais le Rondeau, par sa naïveté,
Par sa rondeur, m'enchante aussi, cher Comte.
C'est un dada qui plaît quand on le monte :
Villon, Marot, Saint-Gelays l'ont fêté.

Pour Isabeau Voiture l'a tenté,
Et Benserade en a fait quantité ;
Mais, sur cinquante, à peine l'on en compte
Un bon.

Dans ce champ-clos qui n'est plus fréquenté,
Je vous appelle avec témérité.
Vous aimeriez y voir ma courte honte ?
Mais je m'en sors par une fuite prompte,
Comme un filou, dont on eût escompté
Un bon.

MONSIEUR TARTUFFE

———

IL a passé dans la parcimonie
Son jeune temps par cent vices terni;
Mais à présent il a tout aplani :
Qui parle mal de lui, le calomnie!
Du Prince aimé, de l'Eglise béni,
Son heureux sort semble être indéfini.
Au riche emploi dont il brille muni,
Par la bassesse et par la félonie,
       Il a passé.

Quoi! se peut-il qu'un homme ait réuni
Tant de bonheur à tant de vilenie?
Quand verra-t-on notre globe assaini,
Ou par sa chute, ou par son agonie?
Quand dira-t-on enfin : — « Dieu l'a puni!
       Il a passé.....! »

CHARLES MONSELET

Connu chez la brune et la blonde,
Monselet a la panse ronde.
Gourmand comme trois sénateurs,
C'est le Cupidon des auteurs :
Toujours il mange, il aime, il fronde.

Quoiqu'il soit plus trompeur que l'onde,
Qu'il soit le fléau des traiteurs,
Il fait florès dans tout le monde
     Connu.

Car son esprit toujours abonde,
Et, quand il décoche à la ronde
Ces mots piquants et séducteurs,
Qui font pâmer ses auditeurs,
Il ne craint pas qu'on lui réponde :
     « Connu ! »

RONDEAU IV

CE QUE DISENT LES FLEURS

A MARIE DÉSIRÉE

Veux-tu savoir ce que disent les fleurs?
Lorsque ta main, variant les couleurs,
Sous le pinceau les groupe et les colore,
Lorsque ton art, en les faisant éclore,
Trompe et séduit les regards les meilleurs.

Ouvre, parcours ce livre aimé de Flore.
En comparant leurs noms et leurs valeurs,
Tu connaîtras leur langue qu'on ignore :
Veux-tu savoir ce que disent les fleurs?

Celles que j'aime, et qui plaisent aux cœurs
Comme le mien, qu'un tendre amour dévore,
C'est le jasmin, la rose, c'est encore
L'héliotrope humide de nos pleurs.
Lorsque ces fleurs disent que je t'adore,
Veux-tu savoir ce que disent les fleurs?

1845.

HUITAIN

L'AUTRE nuit je dormais, ma belle,
Et dans mon songe, pas à pas,
Vous marchiez hautaine et cruelle,
Et je croyais ne rêver pas.
Mais soudain, changeant de système,
Vous quittiez l'air froid et mauvais,
Puis tout doux me disiez : — « Je t'aime!... »
Lors j'ai bien vu que je rêvais.

NEUVAIN

IMITÉ DU LATIN DE SAINCT-GELAYS

Ars augendæ pulchritudinis

———

Antoinette me sembla belle
Dès qu'elle apparut à mes yeux.
Mais comme elle me sembla mieux
Lorsque je m'enflammai pour elle!
Quand son cœur brûla de mes feux,
Je crus voir Vénus elle-même!
Que ce soit donc par vanité,
Sinon par amour; qu'elle m'aime,
Dans l'intérêt de sa beauté!

A MON AMI

EMM: PHELIPPES-BEAULIEUX

ENVOI

DES POÉSIES DE SAINCT-GELAYS RÉIMPRIMÉES
AVEC SA COLLABORATION

TRIOLETS

LE sire abbé de Sainct-Gelays
Etait un abbé de Thélème;
Ami du curé Rabelais,
Le sire abbé de Sainct-Gelays,
Pour faire des jours gras complets,
Rognait sur le temps de carême.
Le sire abbé de Sainct-Gelays
Etait un abbé de Thélème.

Il chantait l'amour en tous lieux
Et d'amour il tenait école;
Vous le savez, ami Beaulieux,
Il chantait l'amour en tous lieux.

Sitôt qu'il voyait deux beaux yeux,
Il jetait au diable l'étole.
Il chantait l'amour en tous lieux
Et d'amour il tenait école.

Tout son cœur est dans ce livret.
Autant que mien il est bien vôtre.
Gai rimeur, amant indiscret,
Tout son cœur est dans ce livret,
Mon cœur à le suivre est tout prêt :
Voulez-vous prendre l'un et l'autre?
Je joins mon cœur à ce livret :
Autant que mien il est bien vôtre.

POSITIVISME

Vous m'avez converti par la philosophie,
  Grands bienfaiteurs du genre humain.
Rois du positivisme, à vous je me confie.
  Marchez! montrez-moi le chemin.

Affranchissez le monde! exterminez l'infâme!
  Frappez! il a vécu : c'est bien.
Ensevelissons Dieu dans les débris de l'âme :
  Hors la matière, tout n'est rien!

Maîtres, nous écoutons votre parole ardente.
  L'homme est le Dieu matériel;
Il plante ce drapeau : morale indépendante!
  Devant le vide obscur du ciel.

Où donc est cet ex-Dieu qui faisait trembler l'homme?
  Que vous l'avez bien conspué!
Il n'est plus même bon pour les bourgeois de Rome,
  Ce potentat destitué.

Et nous avons pu croire à ce croquemitaine,
 Un haillon bourré de roseaux,
Un de ces mannequins qu'on plante dans la plaine,
 En épouvantail aux oiseaux !

Car, ce Dieu soi-disant, il n'existait pas même.
 Les prêtres l'avaient inventé,
Pour faire affluer l'or, sous peine d'anathème,
 Dans leur vieux coffre patenté.

Mais patente ou brevet, cela n'est plus en France
 Garanti du Gouvernement.
A votre Dieu-vivant j'ouvre une concurrence,
 C'est la matière en mouvement.

Je suis positiviste, et crois à la poussière.
 Point de Dieu; partant point d'Enfer!
Dieu c'est l'humanité; l'homme n'est que matière;
 Rien n'existe en lui que la chair.

Nous pensions, pauvres sots, que nous étions au monde
 Dans un lieu d'épreuve et d'exil;
Qu'une âme survivait à notre corps immonde,
 Et nous disions : — Ainsi soit-il!

Détrompons-nous, Messieurs; nous sommes des ma-
 Macaques parlant bien ou mal.   [caques,
Morts, nous irons, comme eux, pourrir dans les cloaques;
 Mais cela nous doit être égal.

Nous pratiquions le bien dans l'espoir d'un vain lucre,
  Un ciel de mille attraits vêtu,
Qu'on nous montrait de loin comme un morceau de
  Soyons vertueux par vertu!   [sucre :

Soyons libres; créons une libre morale,
  Indépendante de tous droits;
Chacun suivra la sienne, existence idéale,
  Qui ne connaîtra plus de lois.

Morale indépendante! invention profonde!
  Le positif étant ma loi,
Rien n'est plus positif que moi-même, et je fonde
  Ce dogme sacré : — Tout pour moi!

Je suis mon propre Dieu; j'entends vivre à ma guise;
  Hors de la matière il n'est rien.
Donc, tourmenter mon corps serait une sottise,
  Puisque mon corps est mon seul bien.

Accourez sur ma table, ô poulardes truffées!
  Coulez pour moi, vins généreux!
M'enivrer et dormir entre les bras des fées,
  Voilà ma morale!... être heureux!

Si l'argent à la fin vient à manquer, n'importe!
  Ayant mangé mon dernier sou,
Comme un nouveau Caton, je fermerai ma porte
  Et m'irai pendre à quelque clou.

A moins que je ne puisse éloigner cette étreinte,
    En pillant quelque ami féal.
Je l'assassinerais un peu, n'était la crainte
    Du procureur impérial.

Pourtant je tue un veau ? Si l'homme n'est qu'un singe,
    Pourquoi ne le tûrais-je pas,
Pour jouir de son or, me vêtir de son linge,
    Et le manger, s'il est bien gras ?

Alors lâchant la bride aux voluptés immondes,
    Ivre de sang et de désir,
Pressurant sous ma main les trésors des deux mondes,
    Pour en exprimer un plaisir,

O saint Vitellius! ô grand Sardanapale!
    Je veux, fidèle à mes débuts,
Fondre ces grands penseurs dans ma coupe d'opale,
    Et mourir de les avoir bus!!!

LE COURONNEMENT
DU ROI GUILLAUME

IAMBES

DÉDIÉS A JULES FRICHON DE VORIS

I

GUILLAUME, sois heureux, tu trônes à Versailles
    Au milieu de ta Cour.
La France expire, et toi, tu fouilles ses entrailles,
    Comme un sombre vautour.
C'est bien! sur nos débris ton piédestal s'élève,
    Tu ris de notre deuil,
Et la réalité, qui dépasse ton rêve,
    T'enfle d'un saint orgueil.
Tous ces rois allemands qui forment ton escorte,
    Qui peuplent ton palais,
Epiant ton réveil, se pressent à ta porte
    Ainsi que des valets.

Ils attendent, ces rois, et tu les fais attendre,
Et tu dis : — « Les voilà! »
Ton ministre a dicté ce qu'ils vont faire entendre
Au moderne Attila.
Hier tu voulus être Empereur d'Allemagne;
Tu le seras demain.
Le sceptre qui pesait au bras de Charlemagne
Est léger pour ta main.
Ecrase à ton plaisir cette tourbe royale,
Ce tas de majestés;
Fais-leur baiser à tous la botte impériale
Qui les a souffletés!

II

Mais non! Savoure un peu le rêve qui t'enivre.
Du haut de ton destin,
Contemple dans ton cœur la pompe qui va suivre
Ton triomphe certain.
Ce cortége vainqueur dont la longue spirale
Va, marche et marche encor,
C'est ton peuple; il te suit. L'immense cathédrale
Ouvre ses portes d'or.
La foule unit, aux chants des clairons et de l'orgue,
Ses acclamations.
Toi, calme au sein du bruit, tu marches dans ta morgue,
Effroi des nations.
L'ogive resplendit; tout est pourpre et lumière.
Tu montes au saint lieu.
Chaque front à tes pieds tombe dans la poussière,

Plus bas que devant Dieu.
Sur l'autel sont posés, gages de la victoire
Enchaînée à ton char,
La couronne, le sceptre et le globe d'ivoire
Qui te feront César.

III

Approche!... Mais le sol à tes pieds se dérobe.
Est-ce honte ou remord ?
Le sceptre te paraît un ossement, le globe
Une tête de mort...
Le diadème, acquis par les terribles armes
D'un peuple obéissant,
Jette un sinistre éclat : ses perles sont des larmes,
Ses rubis sont du sang !
Horreur ! l'autel s'entr'ouvre, épouvantable tombe
D'où s'élèvent des cris,
D'où s'exhale une odeur infecte, d'hécatombe
Et de corps en débris.
Tu veux fuir ! chaque marche est un pâle cadavre
Qui, sous ton pied glissant,
Cède et s'écrase, avec un craquement qui navre,
Et lance un jet de sang.
Au bruit des vieux canons, des mitrailleuses neuves,
Et des obus en feu,
S'unissent les sanglots des enfants et des veuves,
T'accusant devant Dieu ;
Devant Dieu qu'à témoin prenait ta perfidie

Quand, sinistre héros,
Tu prescrivais le vol, le meurtre et l'incendie
A tes soldats-bourreaux!

IV

Tu veux crier! ta voix s'étrangle dans ta gorge!
Spectacle horrible à voir,
De fantômes sanglants le temple qui regorge
S'est drapé tout de noir.
Les flambeaux vacillants fument dans les ténèbres;
Le chœur joyeux s'enfuit,
Et le glas des morts tinte, et des hymnes funèbres
Gémissent dans la nuit.
Le grand tapis de pourpre, étendu sur les dalles,
S'enfonce sous tes pas;
Il s'attache à tes pieds, il rougit tes sandales...
Roi! ne comprends-tu pas?
C'est du sang! un torrent qui gronde sur sa berge,
Qui t'entraîne en son cours;
Du sang qui t'envahit, du sang qui te submerge,
Et qui monte toujours!...
Il étreint ta poitrine, à ta gorge il s'élève!...
C'est du sang que tu bois!...
Du sang!... — Eveille-toi, César; c'était un rêve...
Qu'on fasse entrer ces Rois!

V

Ils viennent et Versaille, avec son peuple blême,
En frémissant d'horreur,
Les a vus à genoux t'offrir le diadème...

Tu seras Empereur !

Tu seras Empereur ; — C'est bien ! — Tu vas étendre
Ta griffe de lion
Sur le manteau sanglant de César, d'Alexandre
Et des Napoléon ;
T'enivrer ainsi qu'eux des gloires du massacre,
O sublime tableau !...
Mais tu verras demain , sous les splendeurs du sacre,
Sedan et Waterloo !

12 Janvier 1871.

LA LÉGENDE DU CHEVALIER

QUI VEND SA FEMME AU DIABLE

Pour ta rançon je veux une âme,
Disait Satan au Chevalier.
Consens à me livrer ta femme;
Je remplis d'or ton bouclier! »
Sur son honneur, le Chevalier
        Promit la dame :
Il avait moins d'or que d'honneur,
        Le bon seigneur.

En arrivant dans son domaine,
Il veut remplir son vœu secret :
— « Sur mon coursier, viens, Châtelaine,
Viens chevaucher par la forêt. »
Lors répondit, d'un cœur discret,
        La Châtelaine :
— « Mon doux seigneur, vous obéir
        Est mon plaisir. »

4.

Ils vont! ils vont! la route est belle.
Noirs sont les bois; noire est la nuit.
En passant près de la chapelle
Où nuit et jour la lampe luit :
— « Ah! dit la Dame, il est minuit;
      Jésus m'appelle.
Je veux, pour vous, sur le pavé,
      Dire un Ave. »

Elle priait, la dame sage;
La Vierge alors, venant du ciel,
Posa la main sur son visage
Et l'endormit sur son missel;
Alors, descendant de l'autel,
      La sainte image
Vint s'asseoir près du Chevalier,
      Sur le coursier.

Par la forêt ils chevauchèrent;
La Vierge avec le Chevalier.
Au carrefour quand ils touchèrent,
Satan veillait dans le sentier.
Mais tout à coup du destrier
      Les pieds bronchèrent,
Et Satan hurla, furieux,
      La flamme aux yeux.

C'est qu'il avait vu Notre-Dame
A cheval près du bon seigneur.
— « Va-t'en, dit-il, menteur infâme,

Chevalier traître et suborneur.
Tu m'avais tantôt, sur l'honneur,
    Promis ta femme;
Et tu m'amènes dans ces lieux
    Le lys des cieux. »

— « Satan ! Satan ! dit Notre-Dame,
Ne lutte point contre ton Dieu.
Du chevalier je reprends l'âme,
Malgré tes cris, malgré son vœu.
Il échappe à l'éternel feu
    Grâce à sa femme.
Quant à la Dame elle est à moi.
    Malheur à toi ! »

O SI...!

O si les fleürs du pré savaient quelles épines
　　　M'ont déchiré!
Elles m'enivreraient de leurs senteurs divines,
　　　Les fleurs du pré.

O si l'oiseau des champs connaissait ma détresse!
　　　Dans ses doux chants,
Il me gazouillerait l'amour et l'allégresse,
　　　L'oiseau des champs.

O si l'astre des nuits voyait combien je souffre
　　　De noirs ennuis!
Il voudrait de mon âme illuminer le gouffre,
　　　L'astre des nuits.

Mais quand mon cœur, brisé par sa peine immortelle,
　　　Meurt épuisé,
Une seule pourrait le guérir... Et c'est elle
　　　Qui l'a brisé!

LE PÊCHEUR D'IDÉES

Source de poésie,
Chante comme un ruisseau,
Dont, à ma fantaisie,
Sous une ombre choisie,
J'entends gazouiller l'eau!

Sautille, cours et perce
Ton lit de blancs cailloux;
Je m'endors et me berce
A ton flot, qui déverse
Son bruissant remous.

J'y vois courir l'idée,
Vif et brillant poisson,
Et, sur l'onde ridée,
Sa course saccadée
Laisse à peine un frisson.

Je guette par avance
Le rêve qui me plaît,

Et soudain, en silence,
Comme un pêcheur qui lance
Son rapide filet,

Dans les plis de la rime,
Réseau que j'ai tressé,
Palpitante victime,
Qui cède et se ranime,
Je le tiens enlacé.

Mais quelquefois, à l'heure
Où je le crois captif,
Lorsque ma main l'effleure,
Entre mes doigts qu'il leurre
Il glisse et, fugitif,

A travers une maille
Il s'évade en nageant.
Je le vois qui me raille
Sous l'onde, et son écaille
Jette un éclair d'argent!...

MONSIEUR PRINTEMPS

D'APRÈS J. P. HEBEL

MONSIEUR Printemps est un vieil homme
Toujours pimpant, frais et dispos,
Qui porte un bel habit vert-pomme,
Et qui n'est jamais en repos.
Il met le nez à la fenêtre,
Lorsque revient le mois d'avril,
Et dit tout haut : — « Quel temps fait-il?
» Voilà le moment de paraître. »
Monsieur Printemps, monsieur Printemps,
Revenez-nous et pour longtemps!

Voici que la rosée, en perles,
Brille partout sur les gazons;
Dans les bois, où sifflent les merles,
Les feuilles ouvrent leurs prisons;
Les oisillons font des aubades,

Et disent bonjour au soleil,
En criant : — « Voilà le réveil!
Rions, chantons, mes camarades.
Monsieur Printemps, monsieur Printemps,
Revenez-nous et pour longtemps! »

Monsieur Printemps, de sa chambrette,
Leur dit : — « Ne criez pas! je sors.
Que diable! je fais ma toilette;
Dans un instant, je suis dehors!
Je mets mon habit des dimanches,
Frais sorti de chez le tailleur,
Et brodé de toute couleur
Sur le collet et sur les manches. »
Monsieur Printemps, monsieur Printemps,
Revenez-nous et pour longtemps!

Voici monsieur Printemps qui bouge.
Qu'il est gai! qu'il a l'air ouvert!
Que son gilet de velours rouge
Va bien avec son habit vert!
Ses mains sont pleines de fleurettes,
Qu'il accroche à tous les halliers;
Au lieu de clous, à ses souliers,
Il a de blanches pâquerettes.
Monsieur Printemps, monsieur Printemps,
Restez chez nous encor longtemps!

Plein son gousset et plein sa poche,
Il a de la graine d'amour;

Il la sème de proche en proche,
Dans tous les bosquets d'alentour.
Bêtes, oiseaux, sur son passage,
Et les bergers aussi, ma foi,
Tout s'en régale; et c'est pourquoi
On aime si bien au village.
Monsieur Printemps, monsieur Printemps,
Restez chez nous encor longtemps!

LE KIEFF

SUR les bords du lac sombre, aux rameaux d'un sumac,
L'esclave du Dârfour a pendu mon hamac
    Qu'un doux balancement soulève;
Et sur la blanche trame étendu mollement,
Sans veiller, sans dormir, les yeux au firmament,
    Je vais errant de rêve en rêve.

Le lys fait resplendir son urne de satin;
Le bengali soupire aux roses du matin
    Son amoureuse cantatille;
Les lianes en fleur, ces serpents végétaux,
Répandent, s'enlaçant aux arbres les plus hauts,
    Leurs parfums d'ambre et de vanille.

Le palmiste s'élance et s'ouvre dans le ciel;
Les brillants papillons se disputent le miel
    Des ananas et des bananes.
O bosquet solitaire et parfumé de fleurs!
Où du soleil ardent expirent les chaleurs,
    Sous les feuillages diaphanes!

Ces bijoux voltigeants, les divins colibris
Pendent leurs nids soyeux sous les jasmins fleuris,
    Et boivent le nectar des roses.
Sous les grands lataniers l'air est calme toujours;
De ravissantes nuits suivent la paix des jours,
    Tout parfumés de fleurs écloses.

A l'entour on n'entend aucun bruit que parfois
Un bambou desséché qui craque dans les bois,
    Sous le pied furtif des gazelles,
Puis, quand le jour s'achève, un sourd bruissement
De feuilles et d'oiseaux et, dans l'éloignement,
    Le murmure des cascatelles.

Parfois une hirondelle au vol rapide et sûr
Du lac harmonieux ride, en passant, l'azur,
    Puis retourne au doux nid qu'elle aime.
Le bois est sombre, calme, et la terre, sans bruit,
Adore prosternée, au milieu de la nuit,
    Le silence du Dieu suprême.

Dans les profondes eaux, miroir mystérieux,
Les mondes rayonnants à la voûte des cieux
    Reflètent leurs splendeurs profondes;
Sur le cristal dormant l'œil qui rêve, arrêté,
Croit voir luire, au-dessous de cette immensité,
    Une autre immensité de mondes.

Pendant longtemps encore, aux rameaux du sumac,
Une invisible main agite mon hamac,

Qu'un doux balancement soulève;
Et, sur la blanche trame étendu mollement,
Sans veiller, sans dormir, les yeux au firmament,
Je vais errant de rêve en rêve.

LE BONHEUR ENVOLÉ

Ou donc est-il? Dans quel brûlant orage
Est-il parti, sous le souffle des vents?
L'avez-vous vu passer, dans un mirage,
Par les prés verts, sous les arbres mouvants?
Lui qui planait sur ma tête sereine,
Comme un bon ange à mes yeux révélé,
Il s'est enfui, décevante sirène!
Où donc est-il, mon bonheur envolé?

Est-il parti sur les ailes rapides
Des gais oiseaux, chantant aux environs?
Est-il caché sous les ondes limpides,
Qu'en les frappant troublent mes avirons?
L'oiseau n'a plus ces chants que nous aimâmes;
Et, sur le flot par ma barque frôlé,
Je vois des pleurs distiller de mes rames :
Où donc est-il, mon bonheur envolé?

Sourirait-il dans ce vin, dont l'écume
Chasse le liége et jaillit dans les airs?

Quand de Bacchus la foudre éclate et fume,
Je vois vos yeux refléter ses éclairs.
D'Anacréon j'entends chanter la troupe,
Et de Téos le nectar a coulé ;
Mais l'amertume empoisonne ma coupe :
Où donc est-il, mon bonheur envolé ?

Dans le vieux temple est-il, parmi la foule
Qui s'agenouille aux marches des autels ?
Du cœur blessé le fiel impur s'écoule,
Aux pieds du Dieu qui bénit les mortels ;
Mais vainement mon front use la pierre,
Et de mes yeux les pleurs ont ruisselé.
Dieu ne veut plus écouter ma prière :
Où donc est-il, mon bonheur envolé ?

Est-ce une erreur ? qu'ai-je vu me sourire,
Dans ces yeux bruns où brille un reflet d'or ?
Gai fugitif, sur sa trace il m'attire ;
Il disparaît, puis il se montre encor.
Je l'aperçois qui sourit sur tes lèvres ;
Ah ! laisse-moi ressaisir l'exilé,
Dans ces baisers, dont parfois tu me sèvres ;
Rends-moi, rends-moi mon bonheur envolé.

MARGAÏTE

CHANSON BRETONNE

Il était une blonde fille,
Que j'aimais, que j'aime toujours;
Margaïte à l'œil bleu qui brille,
Margaïte était mes amours.
Mais quand je lui dis ma tristesse,
Elle sourit d'un air moqueur :
La jeune fille me délaisse.
Hélas! hélas! mon pauvre cœur!

Gai printemps, ta fraîcheur nouvelle
Verdit la terre et les rameaux.
J'ai grand deuil, quand la tourterelle
Roucoule ses amours nouveaux :
Blanche tourterelle amoureuse,
Ton doux ami t'aime sans peur.
Pour vous que la vie est heureuse!
Hélas! hélas! mon pauvre cœur!

Blonde enfant, lorsqu'en la prairie
Je serai seul, si tu me vois,
Ne va pas chantant, je t'en prie :
J'ai trop peur de ta douce voix.
Oh! combien j'aimais à l'entendre
Quand j'avais l'espoir du bonheur.
Oh! qu'elle était suave et tendre!
Hélas! hélas! mon pauvre cœur!

C'en est fait de moi, je succombe;
Voici bientôt venir le jour
Où l'on dira : — « Sous cette tombe
Est un jeune homme mort d'amour. »
Alors, à genoux sur ma pierre,
Viendras-tu plaindre mon malheur
Et me donner une prière?
Hélas! hélas! mon pauvre cœur!

Dans le bois passait Margaïte,
Qui s'écria : — « Dis-moi pourquoi
Ton cœur tremble et ta langue hésite,
Quand tu veux me parler, à moi? »
Elle fuit et, pour qu'on la voie,
Se tourne encor d'un air vainqueur.
J'en ai failli mourir de joie.
Hélas! hélas! mon pauvre cœur!

LES OISEAUX

DE CHRISTOPHE COLOMB

Ils voguaient sur la mer immense,
Où toujours fuyait l'horizon !
Colomb attendait en silence ;
Mais ils doutaient de sa raison.
Ils voguaient ! mais aucun présage
N'annonçait de prochains climats,
Quand trois oiseaux, las du voyage,
Vinrent s'abattre sur les mâts.

Doux messagers de bienvenue,
Les oiseaux bleus de l'équateur
Promettaient la rive inconnue
A l'immortel navigateur.

Les marins, outrés de furie,
Dévouant Colomb au trépas,
S'écriaient : — « Rends-nous la patrie !
Ton monde promis ne vient pas. »
Colomb, dédaignant leur colère,
Aux oiseaux émiettait son pain ;
Aux mutins il disait : — « La Terre !
Je la tiens ! vous l'aurez demain !

5.

» Ecoutez! c'est la bienvenue
Que les oiseaux de l'équateur,
Venant de la rive inconnue,
Font entendre au navigateur. »

Dès le lendemain la vigie
Criait : — « Terre! » Et les matelots
Acclamaient Haïti surgie,
Comme une fleur, du sein des flots.
Aux cris d'une joie unanime
Les oiseaux mêlant leur concert, .
Célébraient le vainqueur sublime
Du nouveau monde découvert.

Volez de la rive inconnue,
Beaux oiseaux bleus de l'équateur;
Venez chanter la bienvenue
A l'immortel navigateur.

TOUJOURS ENSEMBLE

―――

A M. ET Mme ERNEST LACAN

IL la voyait errer, pensive et solitaire,
    Sous les grands platanes ombreux.
Sur un front si charmant pourquoi ce voile austère ?
    Pourquoi ces regards langoureux ?

Que voulait-elle, enfant? Les cœurs des jeunes filles
    Ont des secrets délicieux.
Sait-on bien quel penser s'endort sous leurs mantilles
    Et dans l'abîme de leurs yeux ?

Elle songeait, et lui, qui n'osait lui rien dire,
    Qui tremblait de se déclarer,
Un jour, en hésitant, se hasarda d'écrire
    Ce qu'il rêvait sans espérer...

On les voit aujourd'hui pleins de sollicitudes,
    Toujours ensemble chaque jour,
Se faire un Paradis de leurs deux solitudes
    Et de leurs deux cœurs un amour.

Deux beaux anges gardiens, souriants et fidèles,
    Une sœur, un petit enfant,
Veillent sur cet amour qu'ils couvrent de leurs ailes,
    Et que leur piété défend.

Vivez votre bonheur; vivez, âmes choisies!
    Car il n'est, dans ce triste lieu,
De pures voluptés, de saintes poésies,
    Que de s'aimer sous l'œil de Dieu.

VOUÉE A LA VIERGE

Salut à vous, Marie,
   Mon espoir, mon recours !
Sur mon enfant chérie,
   Veillez toujours !

Dans les cieux, Sainte Vierge,
   Protégez-nous.
Je viens brûler un cierge
   A vos genóux,
Et, sur l'autel où brille
   Son feu tremblant,
Vous consacrer ma fille,
   En voile blanc.

Pour joindre à ses phalanges
   Des chœurs nouveaux,
Dieu prend souvent des anges
   Dans les berceaux.
Afin que Dieu me laisse
   Ma fille, à moi,
Devant vous je m'abaisse
   Avec émoi.

Au pied de votre image
Priant souvent,
J'enseigne un doux langage
A mon enfant.
Entre mes mains j'assemble
Ses petits doigts,
Et nous disons ensemble
A haute voix :

Salut à vous, Marie,
Mon espoir, mon recours ;
Sur l'enfant qui vous prie
Veillez toujours !

LA LETTRE AU BON DIEU

Ma pauvre fille, avec ta mère
Dans ce grenier tu meurs de faim ;
Mais peut-être à notre misère
Daignera-t-on donner du pain.
Vois-tu ? cette lettre est écrite
Pour un riche qui la verra.
Prions, prions, pauvre petite,
Et le bon Dieu nous entendra. »

Nul ne répond ! plus d'espérance !
Le riche n'avait pas compris ;
Pour le pauvre et pour sa souffrance
Il n'avait eu que du mépris.
Alors l'enfant se prit à dire :
— « Pourquoi pleurer comme cela ?
C'est au bon Dieu qu'il faut écrire,
Et le bon Dieu nous répondra. »

— « S'il était encor sur la terre,
Dieu nous secourrait aujourd'hui ;
Mais la lettre que tu veux faire
Ne monterait pas jusqu'à lui. »

— « Pour qu'elle arrive à son adresse,
Au tronc du pauvre on la mettra;
Il est si bon pour la détresse!
Oui, le bon Dieu nous répondra. »

Dans sa confiance naïve,
A son projet l'enfant rêva;
Puis elle écrivit sa missive :
Au tronc du pauvre on la trouva.
On courut chez la pauvre mère,
Et lorsque chez elle on entra,
L'enfant lui redisait : — « Espère!
Oui, le bon Dieu nous répondra. »

L'ASSEMBLÉE DE SAINT-SULPICE

―――

MŒURS DU BERRY

Laissons glisser la barque, et tandis que la Creuse
Caresse les rochers de son onde amoureuse,
Et que les peupliers, avec un gai frisson,
A la chanson des flots unissent leur chanson,
Dis-moi le vieux Berry, pays des mœurs antiques,
Pays des souvenirs et des manoirs gothiques,
Où l'on croit voir encore, au détour du hallier,
Sur son destrier noir passer le chevalier,
Escortant galamment la Dame au gent corsage
Qui va, faucon au poing, avec varlets et page!

— Les chevaliers sont morts; mais les bons paysans
Gardent les mêmes mœurs depuis quatre cents ans.
Tu les verras trotter, avec leur veste ronde
Et leur large chapeau, sur quelque jument blonde
Ou sur quelque mulet qu'ils frappent du talon.
La fermière, en bonnet au flottant papillon,
Sous son grand manteau noir se tient assise en croupe.

C'est ainsi que, dimanche, ils chevauchaient par troupe ;
Avant que le soleil eût doré l'horizon,
Ils allaient, soulevant la poussière à foison.
Ici l'on rencontrait les vieilles paysannes,
Graves, les pieds pendants, enfourchant leurs grands
Ces ânes berrichons, au poil luisant et noir,   [ânes,
Qui trottent bravement entre matin et soir.
Plus loin d'autres fouettaient les maigres haridelles
Cahotant la charrette aux tremblantes ridelles,
Où se groupaient l'aïeule au sombre capuchon,
Et la mère allaitant son dernier enfançon,
Et le père et les fils et toute la marmaille,
Pêle-mêle, accroupis sur des bottes de paille.
On voyait le fiévreux avec l'estropié,
Et le pauvre en haillons, qui cheminait à pié,
Marcher d'un pas tardif au travers de la brande,
Et sur tous les chemins l'affluence était grande.

Car le grand saint Sulpice a de merveilleux dons,
Et de mainte paroisse on vient à ses pardons.....
Tout le reste de l'an, la rustique chapelle
Se cache sous les bois, près d'une eau qui ruisselle ;
C'est un lieu solitaire, éloigné du hameau,
Quelques bœufs seulement paissent le long de l'eau,
Et dans l'herbe, un vacher dort au cri des cigales.

Mais dès l'aube, en ce jour, que de voix matinales
Animent la forêt ! que de chariots lourds
De la plaine et du bois sillonnent les détours !
Les chevaux dételés, que leur maître gourmande,

Mangent sur leur charrette une maigre provende;
Les ânes patients broutent dans les taillis.
Les amis, les parents, venus de tout pays,
Heureux de se revoir, s'appellent, se répondent :
Gai tumulte où les voix et les cœurs se confondent.
Soudain la cloche tinte, on allume un flambeau;
Tout se tait; car le prêtre a dit : *Introïbo.....!*
Il faut, pour être aidé par le grand saint Sulpice,
Dévotement, à jeun, ouïr le sacrifice;
Puis on court à la source et là, jeunes ou vieux
Puisent l'eau qui guérit la goutte et les maux d'yeux.
On boit; on se bassine, on remplit des bouteilles
Dans ce flot dont chacun raconte les merveilles.

Vingt desservants, venus des pays d'alentour,
Se rangent à l'autel, où viennent tour à tour
Les villageois se mettre à genoux sous l'étole.
Le prêtre leur murmure une sainte parole;
L'Évangile achevé, chacun baise la croix,
Pieusement se lève et se signe trois fois,
Par la foi consolé, sentant moins sa souffrance,
Et remportant au cœur pour deux sous d'espérance.

O Sulpice! ô grand Saint, ton image gisait
Dans ce bois solitaire enfouie, on ne sait
Depuis combien de temps, lorsque, dit-on, un pâtre
Vit qu'en un même lieu ses bœufs allaient s'ébattre.
Par un doigt invisible ils y semblaient poussés;
Et les chevaux fourbus, les taureaux harassés,
S'ils paissaient de cette herbe, ou buvaient à la source,

Avec plus de vigueur s'élançaient dans leur course.
Là fut trouvé le Saint. Le curé de Meobecq,
Portant bannière et croix, vint avec grand respect
Chercher pour son autel la vénérable image;
Mais le Saint retourna de lui-même au bocage.
C'est en vain qu'à l'Église on le porta deux fois;
Deux fois, par un miracle, il revint dans le bois.
On y bâtit alors sa chapelle rustique,
Et les bons villageois, selon l'usage antique,
Y viennent tous les ans pour l'invoquer...

                               Soudain
Aux cantiques sacrés succède un chant mondain.
Alerte! entendez-vous, en vive ritournelle,
Gémir la cornemuse et nasiller la vielle?
Allons, filles, garçons! Allons, bruns moissonneurs,
Accourez lestement à l'appel des sonneurs!
— « N'oubliez pas l'aveugle. Une aumône au passage
Vous portera bonheur pour votre mariage. »
Quel mouvement joyeux! quels cris! quels gais propos!
Achetez des bonnets, des rubans, des chapeaux!
Ici c'est une tente où le vin à flots coule,
Plus loin c'est un chanteur qui fait rire la foule.
Partout poussière et bruit!... — Mais que font, à l'écart,
Ces couples qui s'en vont s'entretenant à part?
Que disent-ils tout bas? — Que voulez-vous que dise
Un promis, en pressant la main de sa promise?
O jeunesse! ô beaux jours! qui n'a pas, une fois,
Palpité d'espérance aux accents d'une voix?...
Et quand le souvenir en parle à son oreille,
Quel vieillard si cassé, dont le cœur ne s'éveille!

— Poussez! poussez la barque, et fuyons en rêvant,
Au bruit des peupliers balancés par le vent,
Lorsque, sous le ciel bleu, le flot brun de la Creuse
Fuit et jette à la rive une plainte amoureuse.

ALBA

Vous êtes blanche comme un lys;
Vos mouvements sont assouplis,
Comme ceux d'un cygne qui nage;
Vos cheveux blonds, léger nuage,
A votre front intelligent
Font un nimbe d'or et d'argent;
Votre joue, à peine rosée,
Imite, en sa teinte irisée,
Les pâleurs de la rose thé;
Vous parlez, le cœur vous inspire;
Vos lèvres ont un doux sourire;
Vos yeux, au regard velouté,
Rayonnent d'une chaste flamme;
Et vous avez une belle âme :
C'est le parfum de la beauté.

FIDÉLITÉ

Mon père, il reviendra fidèle.
Je l'attendrai mon chevalier.
Mon cœur ne vous est pas rebelle,
Mais il ne saurait l'oublier. »
— « Depuis qu'il suivit la croisade,
Sept ans déjà sont révolus :
Il est mort à Tibériade;
Ma fille, il ne reviendra plus. »

— « O mon père, daignez m'entendre!
Le jour où je lui dis adieu,
Je lui fis serment de l'attendre
Ou de n'appartenir qu'à Dieu. »
— « Voici que j'atteins la vieillesse,
O ma fille, et tu me défends
Cette heureuse et dernière ivresse
D'embrasser mes petits-enfants. »

— « Encore une année; ô mon père!
Dans mon âme j'entends crier
Une voix qui me dit : « Espère;
Il reviendra, ton chevalier. »

— « Écoute-moi bien : je lui donne
Tout un an pour le rendez-vous.
Mais, dans un an, tu seras nonne,
Ou tu choisiras un époux. »

Les jours suivirent les journées,
Les mois succédèrent aux mois;
Et, pareil aux autres années,
L'an s'enfuit encore une fois.
Alors, sans espoir sur la terre,
A son père elle vint s'offrir,
Et dit : — « Allons au monastère.
J'y veux prier, j'y veux mourir! »

Deux ans s'écoulèrent encore.
Un pèlerin, triste et rêvant,
Suivait, au lever de l'aurore,
Le sentier qui mène au couvent.
— « M'apprendrez-vous pourquoi l'on sonne
D'une si lugubre façon? »
— « C'est le glas d'une pauvre nonne :
Dites pour elle une oraison. »

Le pèlerin au pied d'un arbre
S'assit, sans ajouter un mot.
Il était pâle comme un marbre,
Et ses yeux regardaient là-haut,
Là-haut à l'étroite fenêtre
Seule ouverte dans le couvent;

On n'y voyait rien apparaître
Qu'un rideau battu par le vent.

Mais lui, l'œil perdu dans l'espace,
Blême et souriant, murmura :
— « Mon Dieu! c'est son âme qui passe!
C'est elle!... » Et puis il expira...
Tout à coup, d'une voix plus forte,
Tintèrent les cloches d'airain.
La religieuse était morte ,
Et mort aussi le pèlerin.

Comme avec bonheur ces deux âmes
S'élancèrent dans le ciel pur,
Confondant à jamais leurs flammes,
Au sein de l'éternel azur!
Des tendresses immaculées
Le paradis leur fut ouvert.
Qu'elles furent bien consolées
D'avoir ici-bas tant souffert!

LONGUE VIE

AU BULLETIN DU BOUQUINISTE

———

A mon ami Auguste Aubry, libraire-éditeur

Dix-huit ans! Il a dix-huit ans,
Le *Bulletin du Bouquiniste!*...
Je rêve... et je crois, par instants,
Qu'à sa naissance encor j'assiste.

Plus d'un bibliophile épris
Depuis ce tèmps l'aime et l'accueille,
Et lui, tel qu'un arbre aux doux fruits,
S'élève et grandit feuille à feuille.

Dans ce vrai salon d'autrefois,
Où chacun peut, à tour de rôle,

Et sans jamais hausser la voix,
Librement prendre la parole,

Que de gens d'esprit, tour à tour,
Pleins du sujet qui les enivre,
Ont su vanter avec amour
Leur trésor, leur ami... le Livre!

Quelques-uns, hélas! se sont tus,
Dont nous pleurons la plume absente;
Mais d'autres, sans être abattus,
Poursuivent la tâche incessante;

Et le faisceau demeure entier,
Comme l'arbre d'or du poète;
Qu'une branche manque au laurier,
Une autre aussitôt le complète.

Un bouquiniste aimable et fin
Préside à la docte assemblée,
Où tout ami vrai du bouquin
Se trouve bienvenu d'emblée.

Puissions-nous toujours découvrir
Chez lui les livres à la file,
Et lui toujours faire mûrir
La moisson du Bibliophile!

Ainsi le semeur de froment
Suit le sillon et, par la plaine,
A l'aventure, va semant
Le bon grain dont sa main est pleine.

Château de Longefont, décembre 1873.

LA FLEUR AMOUREUSE

DE FRÉDÉRICK RUCKERT

Je suis la fleur qui t'aime;
J'attends, avec émoi,
Quand et sous quel emblème
Tu dois venir à moi.

Dans ma fraîche corolle
Descends-tu, mon idole,
Comme un rayon du jour?
J'entr'ouvre avec délice
L'azur de mon calice,
Pour qu'en mon cœur se glisse
Ton doux regard d'amour.

Viens-tu, pluie ou rosée,
D'une frange irisée
Rafraîchir mes couleurs?
Mon urne palpitante
Dessèche, dans l'attente
De la perle éclatante
Et du miel de tes pleurs!

Viens-tu, comme une brise
Follement indécise,
Jouer autour de moi?
Dans une ardente ivresse,
Au vent de ta caresse,
Je plie et me redresse,
Disant : Je suis à toi!

Je suis la fleur qui t'aime;
J'attends, avec émoi,
Quand et sous quel emblème
Tu dois venir à moi!

NAHLÉ

LA DANSE DE L'ABEILLE

AU CAIRE

A HENRY DELAPORTE

CONSUL GÉNÉRAL DE FRANCE EN ORIENT

Dans la cour arabesque
Des vieux bains d'El Margouck,
Sur le divan moresque
Le fumeur de Chibouck
Voit, parmi la fumée
De la pipe allumée,
Danser la brune Almée,
Au son du tarabouck.

Allah ! comme elle est belle,
L'Almée au doux regard !
Promenant autour d'elle
Ses grands yeux de lézard,

Pour prélude à la danse,
Elle tourne en cadence,
Se recule et s'avance,
Puis salue avec art.

Entends-tu la cymbale
Dans ses doigts gracieux ?
Languissante, elle étale
Ses bras nus vers les cieux,
Renverse avec ivresse
Sa tête enchanteresse,
Appelant la caresse
De la bouche et des yeux.

Sur l'une et l'autre hanche,
Au son d'un air plaintif,
Tour à tour elle penche
Son corps souple et lascif.
Sous le caftan de soie,
Son flanc pâmé de joie,
Comme un serpent qui ploie,
Tressaille convulsif.

Vois-la bondir, pareille
Au chevreau d'El Dâher ;
Elle feint qu'une abeille
La menace dans l'air,
Et pour chasser bien vite
La mouche parasite,
Elle tourne et s'agite,
Plus prompte qu'un éclair.

Dénouant sa ceinture,
Elle oppose, en dansant,
Un voile à la piqûre
De l'insecte agaçant;
Et toujours avec grâce,
On dirait qu'elle chasse
L'ennemi dont l'audace
Va toujours s'accroissant.

Il vole, il se dérobe
Au tissu déployé,
Et l'Almée, en sa robe,
L'a senti fourvoyé.
Dans la peur d'un outrage,
Elle ôte son corsage,
Son caftan à ramage,
Son caffieh bleu rayé.

Autour de sa figure,
Se déroule et s'enfuit
Un flot de chevelure
Aussi noir que la nuit,
Où de mainte pasquille
Pendue à la résille,
Le métal qui scintille
S'entre-choque avec bruit.

Déjà sa gorge est nue,
Sa gorge aux chauds parfums;

L'abeille y continue
Ses assauts importuns.
L'Almée en vain reploie
Sa tunique de soie,
Qui voltige et chatoie
Autour de ses flancs bruns.

Enfin la mousseline
Se déroule dans l'air.
L'ardente ballerine
Au corps de bronze clair,
Ainsi qu'une statue,
Apparaît dévêtue,
Et son regard qui tue
Lance un brûlant éclair.

Soudain, comme confuse
D'affronter les regards,
La folle qui s'amuse
Reprend de toutes parts
Sa parure qui traîne,
Et vers son front ramène
Ses longs cheveux d'ébène,
Sur sa poitrine épars.

Dans son caftan se plonge
La perle des houris.
Elle fuit, divin songe,
Laissant nos cœurs épris;
Et son œil, noire étoile,

Disparaît sous le voile
Qui renferme en sa toile
Un coin du paradis.

Longtemps, sous l'arabesque
Des vieux bains d'El Margouck,
Sur le divan moresque,
Le fumeur de Chibouck,
Aspirant la fumée
De la pipe allumée,
Rêve à la brune Almée,
Qui danse au tarabouck.

LA DORMEUSE

Par ces longs jours où, pleins de flamme,
Les cieux brûlent sous le soleil,
Quoi de plus charmant qu'une femme,
Qui lentement cède au sommeil!

Son front indolemment se penche,
Puis se relève avec effort,
Puis, se posant sur sa main blanche,
S'arrête... silence!... elle dort!

Écoutez! son beau sein palpite,
D'un souffle calme, égal et pur,
Comme un oiseau léger, qui gîte
En son nid, sous le ciel d'azur.

Quand elle ouvre ses grands yeux sombres,
Le regard se trouble, arrêté
Devant ces deux gouffres pleins d'ombres
Et d'où jaillit tant de clarté.

Mais lorsque ses blanches paupières,
Que frangent de longs cils soyeux,
Voilent à leur tour les lumières
Et l'éclat changeant de ses yeux,

On ose, d'un cœur moins timide,
Regarder le front argenté,
La joue en fleur, la bouche humide
Où sourit un rêve enchanté,

La nuque ondoyante et nacrée
Où frisent de légers cheveux,
Tout cet ensemble qui récrée,
Qui provoque et retient nos vœux;

On songe à ces jours de la Grèce,
Où l'Amour faisait des héros,
Où Psyché, blonde enchanteresse,
Sommeillait sous les yeux d'Eros...

Mais alors ces aînés des hommes
Etaient les fils des immortels,
Et, quand ils venaient où nous sommes,
L'amour leur dressait des autels.

Libres, ils donnaient à la terre
Les lois que nous devons souffrir :
Au rayon qui les désaltère
Nous ne boirions pas sans mourir.

Il faut que notre cœur se sèvre;
Et, par la dormeuse charmés,
Nous craignons d'effleurer sa lèvre,
En lui disant tout bas : — « Dormez!...

LA DIVA

A MADAME GAVEAUX-SABATIER

Hier, j'étais aux champs; sous la verte ramure
Le zéphyr printanier n'avait pas un murmure ;
Sous les cieux étoilés on n'entendait nul bruit,
Que la voix de l'oiseau qui soupire la nuit.
Au milieu de ces bois à la verdure tendre,
Bien longtemps j'écoutai, sans me lasser d'entendre,
Du rossignol caché l'hymne mélodieux,
Triste comme la terre et pur comme les cieux.
Soudain il s'envola; je vis, à travers l'ombre,
Passer l'oiseau chétif à l'aile grise et sombre :
« Pourquoi, dis-je, le ciel n'a-t-il pas d'un beau corps
Vêtu cette voix sainte aux limpides accords? »

Ce soir, la même voix a séduit mon oreille
Et, doublement charmé, ce soir je m'émerveille
Que le ciel ait pu joindre à d'aussi purs accents
Ce radieux visage et ces yeux ravissants.

Chantez, chantez encore, âme suave et pure;
A défaut du ciel bleu, de la verte nature,

Pour écouter vos chants vous trouvez réunis
L'art, l'esprit, la beauté, que le ciel a bénis.
Cela vaut, certes, bien un bosquet solitaire;
Vous n'avez pas besoin de l'ombre et du mystère :
Laissez au rossignol l'obscurité du soir;
On aime à vous entendre, et l'on aime à vous voir.

LE MÉDAILLON

RETROUVÉ DANS LES CENDRES

Ce médaillon, deux jours perdu,
Le voilà sauvé de la flamme.
Séchez vos pleurs, calmez votre âme :
Je le tiens! il vous est rendu.

Que renfermait-il? Je l'ignore.
Etait-ce le deuil ou l'espoir?
Hélas! j'ai trop peur de savoir
Ce qu'il peut contenir encore :

Un débris vague et consumé,
Qui s'enfuirait à votre haleine,
Un peu de poussière incertaine...
Laissez-le pour jamais fermé.

Sans l'ouvrir gardez-y la cendre
De vos rêves inaccomplis,
Le cœur humain a des replis
Où l'œil ne doit jamais descendre.

7.

D'un bonheur longtemps caressé
En lui nous avions mis le germe :
Y regardons-nous? Il n'enferme
Que les cendres du temps passé.

PANATELLA

POR LA SENORA LAURA ***

CE soir, Dona Laura, vous êtes adorable;
Vous avez un souris divinement cruel;
Vos petits pieds cambrés et fiers frappent le sable,
Comme si vous alliez escalader le ciel.

Êtes-vous Andalouse? êtes-vous Madrilène?
A votre jarretière avez-vous un poignard?
Palpitez-vous d'amour, frémissez-vous de haine?
Vos yeux, sous la mantille, ont un fauve regard!

Un blond panatella, sur votre lèvre rouge,
Brûle, et, quand votre haleine aspire sa chaleur,
Semble la luciole amoureuse, qui bouge
Et cherche à se poser sur la grenade en fleur.

A flots capricieux, la bleuâtre fumée
Enveloppe vos traits de son nuage clair,
S'enroule à vos cheveux, spirale parfumée,
Et, fuyant à regret, se disperse dans l'air.

Qui n'envîrait le sort du radieux cigare
Choisi par votre main et par elle allumé?
Vivant de votre souffle, il a ce bonheur rare
De mourir pour vous seule et par vous consumé.

Qui ne voudrait, terrible et ravissante idole,
Comme cette fumée aux réseaux caressants,
Du flot de ses désirs vous faire une auréole
Et vous environner d'un immortel encens.

Qui ne voudrait brûler, jusqu'à devenir cendre,
D'une ardeur que la mort pourrait seule apaiser,
Et, sans rien regretter comme sans rien prétendre,
Sur vos lèvres s'éteindre en un rouge baiser?

1861.

NON ET OUI

Non et *oui !* syllabes sombres,
Mots sacrés, arrêts du sort,
Qui passent, fatales ombres,
Donnant la vie ou la mort.

Non et *oui !* qui pourrait dire
Votre joie et votre deuil ?
Oui brille comme un sourire !
Non est plus noir qu'un cercueil.

Oui, dans sa puissance, accorde
Ce que *non* nous interdit;
Oui, c'est la miséricorde,
Non, c'est l'arrêt du maudit !

Oui sauve le misérable,
Non le précipite au feu;
Non, c'est le rire du Diable,
Oui, c'est le souris de Dieu.

Mais, comme il faut que la femme,
A la fois Ange et Démon,
Pour damner une pauvre âme
Sache des secrets sans nom,

La beauté la plus naïve,
Avec un art inouï,
A ceux que son œil captive
Dit à la fois *non* et *oui*.

Toujours la Sirène abuse
De l'homme qu'elle a charmé,
Et celui qu'elle refuse
Est parfois le mieux aimé.

Quand on croit qu'elle va dire
Le mot longtemps caressé,
Soudain sa main se retire
Avec un mépris glacé.

Trop heureux quand la coquette,
Trompant espoir et regards,
A ceux qui sont sa conquête
Ne dit pas *oui* des deux parts.

Et ce doux *oui,* que sa lèvre
Lance, pour se moquer d'eux,
A ces deux cœurs qu'elle enfièvre,
Est un *non* pour tous les deux.

N'écoute pas la rebelle;
Cherche en ses yeux sa langueur;
Souvent un rien la révèle :
L'œil est un éclair du cœur.

On refusera la porte,
On crîra grâce et pardon :
Si le cœur dit *oui*, qu'importe
Que la lèvre dise *non*?

Un *non*, dit d'une voix tendre,
Assaisonne le baiser.
Il est bien plus doux de prendre
Ce qu'on feint de refuser.

LA PUISSANCE D'UN REGARD

TRADUCTION DE L'ESPAGNOL

Colomb allait quitter Cordoue.
Un vieux chroniqueur l'a conté.
L'opprobre flétrissait sa joue;
Son cœur était désenchanté.

L'indigence amère et profonde
Sous un joug de fer le ployait,
Et lui fermait ce nouveau-monde
Que son génie entrevoyait.

Sous le dédain qui l'humilie,
Colomb, sans espoir désormais,
Puisqu'on tient son plan pour folie,
Veut fuir la Castille à jamais.

Devant lui s'ouvrait une église;
Il pénétra dans le saint lieu,
Abaissant son orgueil qu'il brise,
Et, seul, à genoux, pria Dieu.

Là, bien des heures en alarmes,
Luttant contre un démon vainqueur,
Il donna cours, avec ses larmes,
Au fiel qui dévorait son cœur.

Soudain, au fond d'une chapelle,
Illuminant le clair-obscur,
Il vit d'une ardente prunelle
Le rayonnement vif et pur.

Ces yeux, dont le regard scintille,
Prirent son âme. Il adora
Les plus beaux yeux de la Castille,
Et dans Cordoue il demeura.

Admis enfin près d'Isabelle,
La reine au cœur vraiment royal,
Il put réaliser par elle
Son éblouissant idéal.

L'histoire, en merveilles féconde,
Dit que ce regard enchanteur,
Astre vivant, au nouveau-monde
Guida le grand navigateur.

Toi, dont ma pensée est ravie,
Tourne vers moi tes yeux charmants
Fais rayonner ma triste vie
Des plus purs éblouissements.

Si quelque région sauvage
Se cache en un pôle ignoré,
La douce clarté que dégage ·
Ton œil au regard adoré

Sera l'astre de ma nuit sombre,
Et, par ton amour soutenu,
Nouveau Colomb, j'irai dans l'ombre
Découvrir un monde inconnu.

A UNE DAME

QUI ÉTUDIE LE PROVERBE D'ALFRED DE MUSSET

Il faut qu'une porte soit ouverte ou fermée

―――――

Quel talent pour la comédie!
Vous tentez de nouveaux chemins;
Mais ce n'est point à l'étourdie.
Vous avez droit d'être applaudie
Et par nos cœurs et par nos mains.

Oui! d'honneur, vous êtes capable
De réussir au premier coup.
Que faut-il, pour être adorable?
Forme d'un ange? Esprit d'un diable?
Moitié serait déjà beaucoup;

Et vous avez les deux ensemble!
Madame! bien mal en prendra
A tous nos cœurs : que vous en semble?
Quant à moi, d'avance je tremble
Pour quiconque vous entendra.

Vous chantez comme une sirène ;
Aujourd'hui vous voulez parler.
Tel l'oiseau veut fouler l'arène ;
Il sautille, il se pose à peine,
Et l'on sent qu'il va s'envoler.

Vrai ! votre voix obéissante,
Qui vibre ainsi qu'un timbre d'or,
Dira de façon ravissante
Ce demi-mot, flèche agaçante,
Qui pique, et reprend son essor.

Tout ce gracieux babillage
Vous siéra, pour sûr, aussi bien
Que sied à votre frais visage
Une gaze, frêle entourage,
Un pompon, un ruban, un rien.

Qui ne voudrait, belle marquise,
Tisonner, seul, à vos genoux,
Raillé par votre grâce exquise ;
Et, croyant vous avoir conquise,
Être fait prisonnier par vous ?

Car vous voir, c'est braver sa perte ;
Vous connaître, c'est vous aimer.
Vous semblez en douter ? Mais certe,
Si vous laissiez la porte ouverte,
On serait prompt à la fermer.

Mars 1853.

LA TRISTESSE D'OUGAMI

CHANT CANADIEN, VERS 1750

I

Le printemps renaissait, la brise des savanes,
En balançant mollement les lianes,
   Comme des flots courbait l'herbe des champs.
L'oiseau mélodieux et la fleur entr'ouverte
Remplissaient la forêt et la campagne verte
   De parfums et de chants.

Triste, j'étais assis au bord de la fontaine,
   Sans regarder la forêt ni la plaine,
   Et je laissais dans l'eau tomber mes pleurs ;
D'un cactus au courant je livrais les pétales,
Consultant le ruisseau, dont les ondes fatales
   Engloutissaient mes fleurs.

Guerriers, connaissez-vous Mewa, la jeune fille,
Aux pieds légers, à l'épaule qui brille
Comme un caillou poli par le ruisseau;
La vierge aux yeux ardents, aux lèvres purpurines,
Qui teint son front d'azur et pend à ses narines
L'or d'un brillant anneau?

Mewa, dont la voix tendre est plus suave encore
Que la chanson des oiseaux à l'aurore,
Dont le sourire est plus doux que le miel,
Dont le nom fait plaisir à l'écho des montagnes,
Mewa, la fleur des bois, le parfum des campagnes,
Mewa, l'enfant du ciel?

Je me disais : « Je souffre et pleure!
C'est toi, Mewa, qui me fais tant souffrir;
Il faudra que je meure.
C'est toi, Mewa, qui m'auras fait mourir! »

II

Et le cercle léger des sveltes jeunes filles,
Qui ne connaissent rien que les jeux et les ris,
Vola vers ma retraite, à travers les ramilles,
Comme un essaim de colibris.

Leurs douces mains, en neige, ont semé sur ma tête
Le blanc magnolia, le jaune sassafras;
Leurs douces voix m'ont dit : — « Tu sais des chants
Viens! et tu nous les chanteras! »   [de fête;

J'ai dit, en soupirant, aux sveltes jeunes filles :
— « Allez danser le soir dans les bois embaumés;
Parez-vous de wampuns, de colliers, de coquilles
    Pour plaire à ceux que vous aimez.

» Je n'ai plus de bonheur, plus de chants, plus de fêtes !
J'aime une enfant des bois, au teint brun, aux yeux doux.
Je la cherche et souvent crois la voir où vous êtes;
    Mais elle n'est point parmi vous.

» Une fois vous dansiez sous la feuille penchante,
Je l'ai vue! aussitôt mon cœur en fut épris.
Je brûle, et cependant elle rit, elle chante;
    Car son cœur ne m'a pas compris. »

    Et je me dis : « Je souffre et pleure;
C'est toi, Mewa, qui me fais tant souffrir.
    Il faudra que je meure :
C'est toi, Mewa, qui m'auras fait mourir. »

III

    Puis sont venus les jeunes hommes,
    Qui m'ont dit : — « Ougami, nous sommes
    Ceux qui vont combattre aujourd'hui.
    Chante-nous le chant du courage!
    Les guerriers ont peint leur visage;
    Le soleil de la mort a lui!

» L'ennemi s'enfuit comme un lâche,
Lorsque nous frappons de la hache
L'arbre ensanglanté des combats ;
Et nos moissons de chevelures
Feront dire aux races futures :
« Nos pères furent des soldats. »

Or j'ai répondu : — « Jeunes hommes,
Nos pères sont morts, et nous sommes
Les premiers-nés de la douleur !
Ma moisson de gloire est flétrie.
Je n'ai plus ni cœur, ni patrie,
Puisque je n'ai plus de bonheur.

» Allez scalper des chevelures !
Mon tomahawk, las de blessures,
Ne doit plus frapper désormais.
Au feu du conseil j'ai naguère,
Avec les anciens de la guerre,
Fumé le calumet de paix ! »

Et je me dis : « Je suis lâche, à cette heure.
C'est ma gloire, Mewa, que je viens de flétrir.
        Il faudra que je meure ;
C'est toi, Mewa, qui m'auras fait mourir. »

IV

Puis les Sachems, dont l'âge avait blanchi la tête,
Me disaient : « Ougami, les jours de paix sont morts,
Athaënsic nous guide et le combat s'apprête ;
        La hache se lève et tu dors !

» Rallume ton courage au feu de la colère!
Quand le premier éclair de la hache aura lui,
Quel guerrier défendra le corps de ton grand-père,
    Si tu ne combats point pour lui? »

Et j'ai dit aux Sachems : — « Vieillards que je vénère,
Le sang et les combats ne me veulent plus rien.
Les vautours ont mangé le corps de mon grand-père :
    Que les corbeaux mangent le mien! »

Et les Sachems m'ont dit : « Si tu n'as pas une âme,
Si la peur de mourir suffit à t'accabler;
Va! l'on te donnera des vêtements de femme,
    Et des quenouilles pour filer! »

Et je me dis : « Je suis traître, à cette heure.
C'est mon honneur, Mewa, que je viens de flétrir!
    Il faudra que je meure :
C'est toi, Mewa, qui m'auras fait mourir. »

V

Une forme attrayante,
Légère et souriante,
Des forêts arriva.
Ma paupière se lève
Et, fraîche comme un rêve,
Je vois venir Mewa,

        8.

Mewa la brune fille,
Mewa dont l'œil pétille,
Mewa dont l'œil est noir;
Plus légère qu'un renne,
Mewa, ma jeune reine,
Mon deuil et mon espoir.

Son regard était sombre;
Le mépris, de son ombre,
Avait voilé ses traits,
Et sa bouche sévère
Chantait d'une voix fière,
Chantait, et je pleurais :

— « Le lâche est un esclave.
C'est sur le cœur d'un brave
Que je veux m'appuyer !
Epouse humble et soumise,
Il est beau d'être assise
Au wigwam d'un guerrier ! »

— « Soleil, sèche mes larmes !
J'aime le bruit des armes;
Je suis brave à mon tour !
La soif du sang m'altère !
Aujourd'hui, cris de guerre;
Demain, chansons d'amour !

» A moi la hache! à moi les combats! voici l'heure.
C'est ma honte, Mewa, que tu viens de flétrir!
Si tu veux que je vive ou meure!
Un mot de toi, Mewa, me fait vivre et mourir! »

UN MOT

I L est un mot si doux, si tendre,
Si plein d'un bonheur insensé,
Que l'on donnerait, pour l'entendre,
Tout l'avenir, tout le passé.

Ce mot divin qui double l'âme,
Ce mot dans le bonheur conçu,
Il se grave, en sillons de flamme,
Au fond du cœur qui l'a reçu.

L'oreille le perçoit à peine,
Et la bouche tout bas le dit;
Pourtant, à travers l'âme humaine,
Comme un tonnerre il retentit.

Ce mot d'ivresse et de délire,
Qu'on écoute sans se lasser,
Il commence par un sourire,
Il s'achève dans un baiser.

ÉPITRE FAMILIÈRE

A MON AMI LE VICOMTE A. DE BEAUCHESNE

LE mois dernier à Paris, en passant,
Je suis allé frapper à votre porte.
Je savais bien que vous étiez absent
Et que j'allais trouver la maison morte.
Tout en marchant je me disais : « Qu'importe;
L'illusion abrége le chemin.
Et puis qui sait? Tant de raisons puissantes
Forment entrave à tout projet humain.
S'il était là; s'il revenait demain?
Enfin j'aurai des nouvelles récentes
Et je verrai des gens qui l'auront vu.
Au dieu Hasard il faut brûler un cierge,
Il faut jeter les dés à l'imprévu. »
Or l'imprévu c'était votre concierge
Sur ses genoux berçant son héritier :
— « Peut-on savoir si Monsieur de Beauchesne...?
— Il est parti, Monsieur, le mois dernier,

Voilà vingt jours. — Pensez-vous qu'il revienne?
— Avant vingt jours, non, Monsieur, pour sûr non. »
Je m'éloignai. J'avais dit votre nom,
J'avais revu le nid; mais la couvée
Etait au loin dans l'espace enlevée.
Oiseau joyeux, avec vos oisillons
Vous parcouriez plaines, coteaux, vallons;
Vous regardiez, du haut de la montagne,
Ce flot qui court lorsque dans la campagne
Le vent du soir fait onduler les blés,
Et le vrai flot, l'océan de Bretagne,
Vous embaumait de ses parfums salés.
Vous montriez au fils de votre fille,
Au nouveau-né, qui ne regardait pas,
Ce sol breton, berceau de la famille,
Où vos aïeux ont imprimé leurs pas.
Ce gai bambin qui dans vos bras sautille,
Viennent dix ans, lui-même voudra voir
Ce champ d'avoine où vainquirent les Trente.
Il redira d'une voix pénétrante
Ces mots sacrés qu'un Breton doit savoir :
— « Du Boys? j'ai soif! — Bois ton sang, Beau-
Petit enfant, que Dieu sauve la France! [manoir! »
Il lui faudra du sang pour sa défense
Et tu voudras, et Français et chrétien,
Pour la sauver offrir aussi le tien!
Mais où m'emporte une folle chimère?
L'enfant, bercé sur le cœur de sa mère,
Fait un doux rêve; il s'éveille sans cris
Et la contemple avec un gai souris.

Vous, ami, vous, revenu dans Paris,
Vous feuilletez vos poudreuses liasses,
Et, du passé ressaisissant les traces,
Vous le sortez vivant de ses débris.
O que nos yeux ont répandu de larmes
Sur cet Enfant au Temple emprisonné!
Un tigre eût pris en pitié tant de charmes :
Par des Français il fut assassiné!!
Combien de fois avons-nous clos le livre
A tout jamais, pour n'y plus revenir;
Mais comme un vin la douleur nous enivre
Et nous attire et nous sait retenir.
Nous relisions, pour consoler nos peines,
Cet autre livre aux Mères consacré,
Echo du cœur, dont les pages sont pleines
D'un tendre amour par Dieu même inspiré.
Nous le lisions sous nos riants ombrages
Quand le printemps sur nos prés verdoyait.
De bien doux pleurs en ont mouillé les pages
Que d'un rayon le soleil essuyait.
Que n'étiez-vous alors sur nos rivages !
Nous vous eussions reçu sans embarras.
Point d'étiquette : un tout petit domaine,
Quelques fruits mûrs, de l'ombre, une fontaine
Et l'amitié vous ouvrant ses deux bras.
Vous n'avez pu nous venir; mais peut-être
L'occasion pourrait un jour renaître?
Tous les congés sont-ils pris et repris?
N'auriez-vous pas quelque bonne semaine
Où vous pourriez déposer votre chaîne

Et pour huit jours quitter le vieux Paris?
Si vous aviez ce généreux courage,
Quelle allégresse en mon humble cottage,
Et quelle joie à vous serrer la main,
A voir ces yeux où votre âme est tracée,
Absents de moi, mais non de ma pensée;
Car vous marchez toujours dans mon chemin.
Notre amitié, bien que récente, est vieille.
Vit-on jamais des amis de la veille?
L'amitié n'a début, fin, ni milieu :
La sympathie, en notre conscience,
Eclate et luit comme une souvenance.
Deux inconnus s'abordent en un lieu :
Qu'arrive-t-il? qu'ils s'attendaient d'avance
Et qu'ils s'aimaient... l'amitié c'est l'essence,
C'est l'infini, l'éternité de Dieu.

26 Août 1864.

LA LAMPE DE NUIT

A MARIE DÉSIRÉE

Ce que j'aime en toi, ma chérie,
Est-ce ta molle rêverie?
Est-ce ton souris gracieux?
Est-ce ta tête brune et rose?
Ou ta paupière, qui se pose,
Comme un voile blanc, sur tes yeux?

Non! ce n'est pas ta brune tête;
Ce n'est pas ton œil, qui reflète
Un flot de pensers murmurants;
Ni ce que ton parler révèle;
Ni le charme, qui te fait belle
Pour les regards indifférents.

Vois-tu, suspendue, en silence,
La lampe de nuit, qui balance
Son feu sous l'albâtre captif,
Et, pour nous, dans l'alcôve sombre,
Ne fait qu'à peine éclairer l'ombre,
D'un rayon suave et furtif?

Ce que j'aime en toi c'est ton âme,
Dont la pure et timide flamme
Ne rayonne pas au grand jour;
Mais de ton cœur aimé s'épanche,
Et sur moi brille, étoile blanche,
Dans l'intimité de l'amour.

1853.

GALATÉE

A UNE CANTATRICE

Quoi ! seriez-vous ainsi ? seriez-vous Galatée,
L'idole de Paros dans le marbre sculptée,
Que Vénus Astarté de sa rage anima,
Pour mettre au désespoir l'homme qui la forma ?
Elle aime l'or, le vin, les ignobles caresses,
Cet admirable corps a toutes les bassesses;
Pour elle rien n'est saint; pour elle rien n'est cher :
Son cœur est demeuré de marbre sous sa chair !

Non ! non ! vous n'êtes point cette pâle statue,
Ce fantôme animé, cette morte qui tue;
Car votre cœur palpite et votre sein frémit;
Votre voix est l'écho d'une âme qui gémit,
Le ciel souffla sur vous la lumière invisible,
Dont la voix et les yeux sont le reflet sensible.
Vous chantez, et nos cœurs, par un secret frisson
Secoués à la fois, vibrent à l'unisson ;
Et si nous admirons, sous vos traits, cette infâme,
C'est que vous l'animez d'une céleste flamme;

C'est que vous répandez sur ce gouffre infecté
Un idéal plus vrai que la réalité.
Vous brillez au-dessus de ces vices perfides,
Comme un rayon du jour sur des marais fétides.
Galatée est un masque, un mensonge maudit :
C'est vous que l'on entend, c'est vous qu'on applaudit.
Vous ne rentrerez pas dans le marbre comme elle;
Car vous portez au front une étoile immortelle;
La muse vous possède, et votre chant divin
Nous pénètre au-dedans comme l'ardeur du vin !
Nous le buvons du cœur ; son charme nous enivre,
Et, quand il a cessé, bien longtemps, pour le suivre,
Pensifs, nous écoutons l'écho mystérieux,
Qui vibre dans l'espace et nous revient des cieux !...

FUMÉE DE CIGARE

A DON MANUEL SILVELA

Tandis que vers le ciel j'exhale
La fumée, ardente spirale
Du cigare odorant et blond,
Je crois, avec leurs blanches ailes,
Voir naviguer les caravelles
Qui, sur la mer, portaient Colomb.

A travers un réseau de brume,
Sous le soleil brillant, s'allume
Le pic radieux d'Haïti.
Là, servi par de brunes filles,
Couvert d'or du front aux chevilles,
Fume un Cacique appesanti.

Est-ce un Cacique? est-ce un roi More,
Assis au pied d'un sycomore,
Et lançant de fauves regards
A l'Almée ardente et vermeille,
Qui danse le pas de l'abeille,
Le sein nu, les cheveux épars?

Œil noir, brillant sous la mantille,
Es-tu d'Aragon, de Castille?
Par saint Jacques, quel frais tableau!
Sous l'éventail mouvant cachée,
Es-tu quelque vierge arrachée
D'une toile de Murillo?

Es-tu la perle de mon rêve?
— Non; ce n'est qu'une fille d'Ève.
Son regard est un brasero;
Dans le toril son cœur habite,
Et son amour changeant hésite
Du Picador au Torero.

Oh! voir Madrid! Oh! voir Grenade,
Où la vigne blonde escalade
L'oranger, fleurs d'argent, fruits d'or;
L'Espagne amoureuse et guerrière,
Riche ou pauvre, pieuse et fière,
Comme le Cid Campéador!

Agenouillé, la tête basse,
Voir le *Corpus-Dei*, qui passe,
Dans les vapeurs de l'encensoir,
Puis, sous les sonores arcades,
Entendre, au loin, les sérénades
Remplir l'air embaumé du soir!

Voir la Havane, où la Créole
Va fumant, indolente et molle,

Balancée en son hamac blanc,
Tandis que, sur la souveraine,
Deux petits négrillons d'ébène
Agitent l'éventail tremblant !

Puis le hamac se change en nues,
Où mille formes inconnues
Se mêlent, sans but et sans bruit,
Où nagent de folles chimères,
Métamorphoses éphémères,
Fleurs fugitives de la nuit.

De cieux en cieux mon vol s'égare,
Quand, soudain, la mort du cigare
Emporte mon rêve..... et voilà
Qu'en face de moi je vois luire
L'œil d'aigle noir, le fin sourire
De don Manuel Silvela.

REGRET

QUAND vous étiez toute petite,
Ange aux cheveux blonds et soyeux,
J'étais un homme, ô Marguerite,
Brûlant du cœur, ardent des yeux.
Quand, sur le sein de votre mère,
Vous dormiez, sans souci du jour,
Je savourais la peine amère
Et le doux mal que fait l'amour.

Marguerite, vous voilà belle;
Et moi je vieillis chaque jour.
Aujourd'hui votre œil étincelle;
Le mien s'éteint et sans retour.
Le temps arrache à ma guirlande
Les fleurs dont il vous enrichit :
Que n'étiez-vous alors plus grande,
Ou que ne suis-je encor petit?

EL DESDICHADO

DE MARTIN RUYS

Tu le sais bien, où vont les rêves du poète !
    Tu sais quel astre me conduit!
Attentive à tes vœux, empressée, inquiète,
    Ma tendresse toujours te suit.

Dans mes songes, la nuit, ton image s'élève
    Devant moi sous un ciel vermeil;
Je te vois apparaître et planer dans mon rêve,
    Avec les anges du sommeil.

Le jour luit! je demande au Seigneur qu'il te garde,
    Toi, mon bien le plus précieux.
Tu parais et je sens, lorsque je te regarde,
    Monter des larmes dans mes yeux.

Et pendant tout un jour en tremblant je me livre
    A la volupté de te voir;
Car dans un seul regard de ton œil qui m'enivre
    Gît ma douleur et mon espoir.

9.

Tant que je puis te voir, il faut que je te voie.
  Je suis comme ce pauvre chien
Qui se couche à vos pieds, qu'on chasse, qu'on rudoie,
  Mais qui vous aime et qui revient.

Or je n'ai demandé, pour toute ma tendresse,
  Qu'une main qui presse ma main,
Qu'un regard par instants plus doux, qui me caresse
  Et me console en mon chemin.

Mais malheur à ceux-là qui n'ont que la prière,
  Qui, d'un pur amour consumés,
Donnent sans marchander leur âme tout entière!
  Ceux-là ne sont jamais aimés!

LE VOILE

SANS LA VOCATION

Quand tu couvrirais d'un blanc voile
Ton front arrogant et moqueur;
Quand tu n'aurais plus, pour étoile,
Que la triste lampe du chœur;

Quand tu prîrais seule, en silence,
Dans la chapelle des élus,
Torturant avec violence
Ton cœur, pour qu'il ne batte plus;

Quand tu renfermerais ta vie,
Pour toujours, dans ce cercle étroit
Où l'heure de l'heure est suivie,
Où tout est morne, austère et froid;

Crois-tu que tu vivrais tranquille,
Et, le sacrifice accompli,
Qu'à ton esprit enfin docile
Le Seigneur donnerait l'oubli?

Non! tu ne verrais point ton âme
Se fondre au feu de l'encensoir;
Tu serais ce brasier sans flamme
Qui fume dans l'ombre du soir.

D'une ardeur sourde consumée,
Tout ce qui reste en toi de bon
S'enfuirait en âcre fumée,
Tu deviendrais cendre et charbon.

Le Seigneur, dont tu t'es moquée,
Chasserait ton cœur du saint lieu;
Tu mourrais, d'ennui suffoquée,
Maudissant ta vie et ton Dieu!

L'INFIDÈLE

A CHARLES ROBINOT-BERTRAND

Sur l'absence et l'oubli quand ton âme s'attriste,
Quand tu gémis de voir briser ce doux lien,
C'est que tu la chéris d'un amour égoïste!
Insensé! ton bonheur t'est plus cher que le sien?

Quelque part qu'elle soit, est-ce que ta pensée,
Pour la bénir toujours, ne la trouvera pas?
Sur la dalle autrefois par ses genoux pressée
Penche ton front et pleure, en priant Dieu tout bas.

Apprends à la chérir pour elle, âme fiévreuse!
Qu'importe que son cœur pour le tien soit glacé?
Qu'elle aille! qu'elle oublie et qu'elle soit heureuse!
Souffre seul, sans te plaindre, en songeant au passé.

Parcours seul et muet ces ombreuses allées,
Où la voir, lui parler, l'entendre était si doux;
Presse ton front brûlant de tes mains désolées,
En disant : « O bonheur! ô jours si loin de nous!

» Bonheur amer, qui fuis et que le temps emporte,
Pourquoi donc es-tu né, si tu devais périr?
Pourquoi laisser au cœur que rien ne réconforte
Ces regrets immortels, dont il ne peut mourir! »

L'EXTASE

JE semble insensé quand je songe,
Et peut-être le suis-je alors ;
Car l'océan du rêve, où mon esprit se plonge,
N'a pas de fond et pas de bords.

Quand je me tais, quand rien n'anime
Mon regard fixe et soucieux,
J'écoute une harmonie ; une musique intime,
Qui peut-être descend des cieux.

Tout ce qui chante sur la terre :
Le gémissement des ruisseaux,
La plainte des forêts, la brise solitaire,
Et le gazouillis des oiseaux ;

Tout ce que la harpe aux cent cordes
Peut dire, en vibrant sous les mains ;
Tout ce que le Seigneur, en ses miséricordes,
A mis dans la voix des humains ;

Ce qui rend l'âme épanouie ;
Ce qui fait prier et pleurer,
Tout cède à cette voix ineffable, inouïe,
Qu'en mon cœur j'entends soupirer !

Si cette mélodie étrange
Avait un son matériel,
On saurait ce que c'est que la chanson d'un ange;
On aurait un écho du ciel.

Mais Dieu, qui révèle aux poètes
Ces hymnes faits pour les élus,
Appose, en même temps, sur leurs lèvres muettes
Un sceau qui ne se brise plus.

C'est le désespoir de leur vie,
D'entendre cette voix chanter,
Et, quand leur cœur est plein, quand leur âme est ravie,
De ne pouvoir rien répéter.

Ils verront, à travers leur âme,
Flotter le rêve éblouissant,
Et, poursuivant sans fin l'insaisissable flamme,
Ils sûront des pleurs et du sang.

Dans la coupe, où brille l'image
De leur désir inaccompli,
Comme Ixion déçu n'embrassant qu'un nuage,
Ils boiront le fiel et l'oubli.

Ils fouilleront dans leur poitrine,
Sans maîtriser l'esprit vainqueur;
Ils tordront, sans saisir cette effluve divine,
Les lambeaux saignants de leur cœur.

Douleur qu'on redoute et qu'on aime,
Bonheur poignant comme un remord,
Ivresse qui vous porte à l'idéal suprême,
Pour vous replonger dans la mort!

Volupté navrante, insensée,
Fièvre où l'âme voit flamboyer
Le mystère inconnu, l'indicible pensée,
Que la voix ne peut bégayer!

Je t'appelle, terrible extase,
Qui fais chanceler ma raison;
Le buveur d'opium puise ainsi, dans le vase,
Les rêves avec le poison.

J'écoute, je tremble, j'adore,
Et tel que Moïse au saint lieu,
Pendant l'éternité j'écouterais encore...
J'entends chanter la voix de Dieu!

UNE ODELETTE DE RONSARD

OU LA

CHANSON D'AUTREFOIS

POÈME DRAMATIQUE

AU DOCTEUR MAX. DURAND-FARDEL

DÉDICACE

———

Ami, depuis le temps que nous nous connaissons,
Bien des fois en leur ronde ont tourné les saisons.
Mais plus nous avançons au cours de l'existence,
Plus les chers souvenirs contemplés à distance,
Tels que les horizons noyés dans le lointain,
Nous semblent rayonner aux splendeurs du matin;
Soit que l'œil nous abuse ou que l'esprit nous trompe.
    Une brume d'azur les baigne et les estompe;
Si les détails perdus s'effacent, les contours
Vont s'idéalisant et se dorant toujours :
Ils gagnent en douceur ce qu'ils perdent en force;
Nous vivons captivés par leur charmante amorce,
Et, quand nos mains alors se rencontrent, nos yeux
Sentent monter des pleurs doux et silencieux.
Que l'amitié d'enfance est pleine d'harmonies !
Qu'elle a de longs échos, de grâces infinies!
En vain l'exil, l'espace et le temps couleront,
Ce que nos cœurs ont dit, toujours ils le diront.

Vous la croyez muette et dans la mort couchée?
C'est la lyre qui dort..... Sitôt qu'elle est touchée,
Les accords assoupis s'éveillent, et les voix
Chantent à l'unisson LA CHANSON D'AUTREFOIS.

Prosper BLANCHEMAIN.

Vichy, Août 1871.

UNE ODELETTE DE RONSARD

ou

LA CHANSON D'AUTREFOIS

POÈME DRAMATIQUE

PERSONNAGES :

PIERRE DE RONSARD. — *45 ans. Costume du temps de Charles IX; manteau sur l'épaule; gourde au côté; bâton à la main.*

MARIE. — *20 ans. Toilette blanche, agrémentée de rubans bleus.*

A Bourgueil en Touraine (1570).

Belle matinée de printemps. — Route à l'entrée du village. — Barrière rustique ouvrant sur un jardin. — Banc de pierre à l'ombre d'un arbre, contre la haie.

PIERRE DE RONSARD, seul.

QUEL désir insensé m'y pousse et m'y ramène !
Comme si l'on pouvait de l'existence humaine
Recommencer le cours une fois traversé !
C'est en vain qu'évoquant les ombres du passé,

J'ai refait à pas lents, et tout seul, ce voyage
Que nous fîmes jadis au printemps de notre âge.
Allègre, je marchais; fier, confiant, naïf,
Plein d'ardeur, échangeant avec mon cher Baïf
Des propos amoureux, des vers, folle monnaie
Qu'on forge avec son cœur et qu'un baiser vous paie.
Ah! j'ai charmé depuis les oreilles des Rois!
Mais qui me les rendra, mes chansons d'autrefois?
'Quand mon Prince, rêveur, le front chargé de fièvres,
M'écoute, et que la cour se suspend à mes lèvres,
Quand honneurs, gloire, argent me pleuvent tour à tour,
Je regrette le temps où j'avais mon amour
Comme unique richesse, où j'étais jeune et libre!
On m'envie, et je sens ma plus intime fibre
Tressaillir, quand je pense aux jours qui ne sont plus.
La gloire est un cachot où tu vieillis reclus;
Ton front, pauvre Ronsard, sous les ennuis se brise,
Avant l'âge, ton corps est lourd, ta tête grise.
Comment t'es-tu courbé sous le poids du souci?
N'était-ce pas hier que tu chantais ainsi:

Enfin! je vais revoir ma divine Marie!
Combien me bat le cœur approchant de Bourgueil!
Ainsi que le navire abordant sa patrie,
Je vole enflé du vent d'un amoureux orgueil.

Le jour est plus brillant, la prée est plus fleurie;
Ma Déesse apparaît; mais d'un altier coup d'œil
Elle rouvre ma plaie encore mal guérie:
Mon jour se change en nuit et mon bonheur en deuil.

En pleurant je lui dis : « Aimez-moi donc, ma Dame?
» Mes amis les plus chers sont dolents de me voir,
» Tant mon corps est brûlé d'intérieure flamme ! »

Dédaigneuse elle rit de m'entendre douloir.
Amour! à quels travaux condamnes-tu mon âme?
Il n'est pire douleur que d'aimer sans espoir !

J'espérais malgré tout, car j'aimais! ô Jeunesse!
La terre tous les ans renaît sous ta caresse;
Mais mon printemps n'est plus, et mes yeux ébahis
Ne trouvent de changé que moi dans le pays.
Voici le clocher bleu, les chaumes du village,
Le chemin où Marie... O songes du jeune âge!
Là je m'agenouillai pour pleurer, pour prier,
Là je baisai ses pas dans l'herbe du sentier...!
Et j'avais vingt-cinq ans! Vingt-cinq ans! Dieu! quel
C'est le même manoir qui, devant moi, s'élève; [rêve!
Voici le même banc, la haie et le jardin,
Le portail que la vigne enlace... Ah! si soudain
J'allais la voir paraître avec sa gaîté franche,
Ses cheveux blonds, son bleu ruban, sa robe blanche!
Si j'entendais le rire et le chant d'autrefois!

Il se tait. On entend un prélude et une voix de femme qui chante :

> *Mignonne, allons voir si la rose,*
> *Qui ce matin avait déclose*
> *Sa robe de pourpre au soleil,*
> *A point perdu, cette vêprée,*

10.

Les plis de sa robe pourprée
Et son teint au vôtre pareil?

PIERRE, après avoir écouté avec surprise.

Mon Dieu! C'est la chanson de Marie... et la voix
C'est la sienne! Que dis-je? Illusion méchante!
Je pleure et c'est l'écho de ma douleur qui chante...
Que je t'aimais alors, Marie, et que tes yeux
Souriants me berçaient d'espoirs délicieux!
Que mon cœur bondissait quand ta voix cadencée
Redisait mes chansons! — O chère fiancée,
Je t'aime encor! — Mais non; fou qui peut se fier
Aux serments d'une femme!... Ah! ce beau cavalier,
Comme il me l'enleva, ce faiseur de conquêtes!
Un oripeau brillant tourne leurs folles têtes.
Que leur importe un cœur? Mais l'or, les diamants,
Le casque et le plumet, voilà leurs vrais amants.

La voix de femme chante en se rapprochant :

Las! voyez comme en peu d'espace,
Mignonne, elle a dessus la place,
Las! Las! ses beautés laissé choir.
O vraiment marâtre nature!
Puis qu'une telle fleur ne dure
Que du matin jusques au soir!

PIERRE.

Non! ce n'est pas la fleur qui tombe; c'est la femme!

C'est elle qui se plaît à torturer notre âme.
Marâtre de l'amour, elle brise à plaisir
L'espoir que dans nos cœurs elle avait fait fleurir.
Maudit soit-il ce chant impitoyable et tendre!
Je ne veux plus rien voir; je ne veux plus entendre...
Je souffre!...

Il s'assoit accablé sur le banc et se cache le visage dans les mains. —
Marie entre, sans le voir, venant du jardin.

MARIE.

Que le jour est beau! que l'air est pur!
L'âme s'épanouit; le soleil dans l'azur
Semble un baiser d'amour que Dieu donne à l'espace.
J'ai besoin de chanter comme l'oiseau qui passe,
De m'élancer, d'ouvrir mes ailes comme lui.
Vous m'avez tant donné de bonheur aujourd'hui,
Mon Dieu, que je voudrais à mon tour le répandre
Sur quelque malheureux. — Mais vous semblez m'en-
Voici qu'un étranger fatigué du chemin   [tendre;
S'est assis là. Son front est caché dans sa main.
(A Pierre) Voyageur, le soleil est chaud, la route est lourde.
Voudriez-vous de l'eau... du vin pour votre gourde?

PIERRE, la regardant avec stupéfaction.

Ciel!

MARIE.

Vous souffrez? J'ai là du pain et du lait doux.

PIERRE.

Marie!

MARIE.

Oui ; c'est mon nom. Comment le savez-vous ?

PIERRE.

Je le sais.

MARIE.

Vous venez de la terre lointaine ?

PIERRE.

Non ! J'étais prisonnier ; j'ai secoué ma chaîne ;
J'ai voulu respirer l'air pur de ce pays,
Maintenant j'ai regret aux liens que j'ai fuis.

MARIE.

Vous êtes fugitif ? ma maison maternelle
Peut vous cacher. Venez.

PIERRE, qui l'a regardée sans l'écouter.

C'est elle ! Oh ! c'est bien elle !
C'est bien la robe blanche avec les rubans bleus,
Son œil, sa chevelure aux reflets nébuleux...
— Marie, écoutez-moi ! — Mon Dieu ! mon cœur se brise...

MARIE.

Vous pleurez ! et pourquoi ?

PIERRE.

Le bonheur, la surprise...

Regardez-moi! J'ai bien changé depuis le temps...
Vingt ans sont écoulés.

MARIE.

Mais je n'ai que vingt ans.

PIERRE, répondant à sa propre pensée.

Oui! Dieu vous a gardé vos vingt ans, ô Marie!
Quand j'allais effeuillant ma jeunesse flétrie
A tous les vents du ciel, en ce val reculé
Vous restiez comme un lys toujours immaculé.
Se peut-il?

MARIE, à part.

C'est un fou; mais sa folie est douce.
(A Pierre) — Venez vous reposer au jardin, sur la mousse;
Vous serez mieux.

PIERRE.

Enfant, vous souvient-il des jours
Où Pierre chaque soir venait vous voir de Tours;
Pierre qui vous aimait, qui venait vous attendre
Sur ce banc?— Vous chantiez pour lui ce chant si tendre,
Qu'il composa pour vous! Mais un jour, jour de deuil,
Un officier du Roi parut sur votre seuil.
Il était noble, ardent; il avait ces paroles
Et ce ton cavalier dont les femmes sont folles :
Il triompha! — Ce fut l'affaire d'un seul jour.
Marie oublia tout, serments, espoir, amour;
L'infâme...!

MARIE.

Taisez-vous! vous insultez ma mère!

PIERRE.

Vous seriez?...

MARIE.

Oui; sa fille.

PIERRE.

A ma folle chimère
Je me suis pris moi-même. Après vingt ans d'exil,
J'ai cru la voir! hélas! cela se pouvait-il?
J'ai dû vous sembler fou; j'ai cru la voir, l'entendre.
Vous possédez si bien ses traits, et sa voix tendre,
Que mes yeux fascinés ont abusé mon cœur.
Vous m'aviez consolé... J'oubliais la rigueur
De mon sort, j'oubliais son parjure et son crime.

MARIE.

Je vous dis que ma mère était une victime.
Ah! si vous aviez vu ses larmes!

PIERRE.

Je vous dis
Que j'en suis peu touché; car c'est le paradis
Des femmes, nous trahir et nous mettre au supplice!

MARIE.

Pierre, c'est cruauté qu'un tel mot.

PIERRE.

C'est justice !

MARIE.

Non ! car vous ignorez tout ce qu'elle a souffert,
Pendant vingt ans entiers, portant ce joug de fer,
L'insulte et le mépris ! — Elle, candide et sage,
Qui fut prise par force et puis, après l'outrage,
Et le dernier affront d'un traître méprisé,
Fut jetée à l'écart comme un jouet brisé.
Je tressaille de haine et d'horreur quand j'y pense,
Moi qui n'ai que bien tard deviné sa souffrance;
Car elle enfermait tout dans son âme. — Ses yeux
Cachaient à son enfant ce deuil mystérieux.
Le jour je la voyais, doucement résignée,
Sourire; mais la nuit ma joue était baignée
D'une rosée ardente. Hélas! c'étaient ses pleurs !
Moi qui ne connaissais ni tourments ni douleurs,
J'étendais en dormant mes deux bras, pour lui dire
« Je t'aime ! » et j'ébauchais dans mon rêve un sourire.
— Lorsque je fus plus grande, alors j'eus le souci
De ne trouver jamais une compagne ici.
Dehors, quand nous passions, les mères, les aïeules
Rappelaient leurs enfants. Nous étions toujours seules.
Ma mère détournait les yeux, hâtait le pas,
Serrait ma main plus fort et ne se plaignait pas.
Mais rentrée au logis, elle éclatait en larmes,
Me serrait dans ses bras avec des cris d'alarmes,
Me couvrait de baisers, tremblante et l'œil hagard ;
Je ne comprenais rien... je compris tout plus tard.

L'insolence à la fin fut plus lâche et plus forte.
Ma mère un soir rentra pâle comme une morte,
Et me dit : — « Mon enfant, c'est trop longtemps souf-
Le calice déborde et je me sens mourir!   [frir;
Le monde porte honneur au vice qui se cache;
Et moi qui fus victime, on m'insulte... Ah! c'est lâche!
Permettez-vous, mon Dieu, qu'un monde triomphant
Avilisse une mère aux yeux de son enfant! »

PIERRE.

Pauvre enfant! pauvre mère! — Et je fuyais en proie
Au deuil, et ce larron qui m'avait pris ma joie,
Après l'avoir pillé, dédaignait mon trésor!
Ah! qu'elle a dû souffrir! — Mais parle; parle encor!

MARIE.

Alors se roidissant contre l'affront qui tue :
— « Je ne suis pas, dit-elle, une femme perdue.
Cet homme était notre hôte, on lui disait du cœur;
Mais la ruse et la force en ont fait mon vainqueur.
A ces soldats sans frein rien n'est sacré. La femme
Tombe pure en leurs bras et se relève infâme!
— C'était ton père, enfant, ne le maudis jamais. —
Pourtant il me brisa dans tout ce que j'aimais;
Il me ferma le cœur du plus loyal des hommes.
Pierre que je t'appris à chérir, que tu nommes
En priant chaque soir, Pierre s'est cru trahi;
Mais le ciel m'est témoin que je n'aimais que lui! »

PIERRE.

Si j'avais su ! mon Dieu ! — Pauvre femme outragée !
J'aurais puni le traître et je l'aurais vengée !
Mais l'Amour est ainsi méfiant et jaloux :
Il change en nous, s'il veut, la tendresse en courroux.
Nous fuyons affolés de haine ; et notre fuite
Brise notre bonheur que nous pleurons ensuite ;
Enfin, comme la mer, le cœur a son reflux.
Viens, viens ! je veux la voir.

MARIE.

Vous ne la verrez plus !

PIERRE.

Morte ! Elle est morte !

MARIE.

Hélas ! depuis ce jour frappée,
Elle languit ainsi qu'une plante coupée.
Immobile, sans voix, son regard incessant
Semblait voir dans le vague et chercher un absent.
Enfin plus faible, un soir, pâle, froide, sans fièvre,
— Votre nom et le mien s'unissaient sur sa lèvre, —
Avec un long soupir, elle ferma les yeux,
Son corps ne souffrait plus... son âme était aux cieux !

PIERRE.

Dans mes bras, sur mon sein, pleure ! pleure, Marie !
La source dans tes yeux n'est pas encor tarie.

Moi qui la perds deux fois, moi qui me sens navrer,
Je reste les yeux secs et je ne puis pleurer.
O Marie! ô Marie!

MARIE.

Ami, Dieu vous envoie.
Nous ne serons plus seuls. C'est un rayon de joie
Que de vous accueillir, de vous garder ici.
Elle vous aimait tant!

PIERRE.

M'aimerez-vous aussi?

MARIE.

Moi! — Vous le demandez! C'est me faire une offense;
Oui, Pierre, je vous aime et depuis ma naissance.
Quand j'eus dit une fois « maman! » ce nom si doux,
Le premier que j'appris à nommer, ce fut vous.
Quand ma mère joignit mes deux mains dans la sienne,
Elle me dit : — « Prions! pour que Pierre revienne;
Prions, pour que là-bas, en quelque lieu qu'il soit,
Dieu le garde du mal, de la faim et du froid! »
Et si vous échappez à vos peines passées,
C'est que pour vous ici priaient deux délaissées.

PIERRE.

Et je fuyais, ingrat, portant au loin mon deuil,
Tandis que le bonheur m'attendait sur le seuil;
Et j'ai perdu vingt ans ! — Mais je veux les reprendre :
A ma part de bonheur je puis encor prétendre.

Depuis que j'ai revu ce pays bien-aimé,
Je respire... Que l'air est pur et parfumé!
Qu'il est doux à mes pieds, le sol de la Touraine!

MARIE.

Pourquoi n'y pas rester?

PIERRE.

Oui! je brise ma chaîne.

MARIE.

Vous garder! quel bonheur!

PIERRE.

Est-il un sort plus doux!

MARIE.

Vous êtes un ami qui revient parmi nous;
Demeurez! laissez-nous rendre à votre existence
Le calme d'autrefois, la gaîté, l'espérance.
C'est la dette du cœur que je veux vous payer.
Si ma mère jamais n'a pu vous oublier,
Ses leçons et ses pleurs m'ont fait un cœur fidèle.

PIERRE.

Vous êtes donc, Marie, aussi bonne que belle?
— Viens! que je te regarde!—Oh! ces yeux tant chéris,
Ces lèvres, ces cheveux, vous avez donc tout pris,
Tout, jusques à son nom! — Vous êtes elle-même...

MARIE.

Oui; puisque vous m'aimez et puisque je vous aime,
Pierre !

PIERRE.

Vous l'avez dit comme elle. C'est sa voix
Qui parle. Je me sens troublé comme autrefois.
Je croyais mon cœur mort, et voilà qu'il palpite!
J'oublîrai tout, honneurs, ambition maudite,
Tout, pour redevenir le poète amoureux.
L'amour est toujours jeune. Ah ! beaux yeux langoureux,
Comme vous remuez ma pauvre âme qui souffre!...
Mais je suis insensé! Mais vingt ans; c'est un gouffre
Qui nous sépare ! — Enfant, je ne dois pas rester.
Qui ? Moi, prétendre à toi! — Mais ce serait tenter
Dieu même! — En te voyant j'ai cru revoir ta mère.
La raison me revient; j'ai vaincu la chimère.
Je ne puis, moi, lassé du monde et des humains,
Remettre mon vieux cœur entre tes jeunes mains.

MARIE.

Vous êtes jeune encor.

PIERRE.

L'âge qui fuit m'entraîne.

MARIE.

Laissez-vous rendre heureux; le bonheur rassérène.
Vous souriez? Votre œil est plus vif et plus fier.

PIERRE.

Dieu n'a pas le pouvoir que demain soit hier.
Je ne dois pas rester.

MARIE.

Si c'est moi qui t'en prie...?

PIERRE.

Mais vous le voyez bien, je ne peux pas, Marie!

MARIE.

Tu m'aimes; tu le dis et m'oses refuser ?
Eh bien, prends ton bâton et pars sans un baiser.

PIERRE.

Sais-tu ce que tu veux?

MARIE.

Oui! je veux qu'on me cède,
Et si tu fais un pas, je vais crier à l'aide!
— On vous aime, méchant!

PIERRE.

Pourquoi te faire un jeu
De me désespérer?

MARIE.

Tu doutes?

PIERRE.

Oh! mon Dieu,
Oui, je doute; j'ai peur...

MARIE.

Puisque je te dis : Reste !
Ami, reste toujours. Ma demeure est modeste;
Mais elle t'appartient. Tout y parle de toi;
Elle t'attend, t'appelle. — Ami, reste avec moi.
Vois-tu, nous t'y ferons une si douce vie,
Que de partir jamais tu perdras toute envie.

PIERRE.

Marie ! Est-il possible ? Avec toi !...

MARIE.

Je le veux !

PIERRE.

Oh ! laisse-moi baiser ton front et tes cheveux !
On peut donc rajeunir de vingt ans ! On replonge
Au gouffre ! On ressaisit le temps ! — Si c'est un songe,
Si je rêve, mon Dieu, ne me réveillez pas !
— Dire que je te tiens tout émue en mes bras,
Que ta lèvre sourit, que ton œil me regarde !
Est-ce un bonheur pareil que là-haut Dieu nous garde ?
Je voudrais à l'instant mourir sans m'éveiller !
Ange du ciel !

MARIE.

Pourquoi tant vous émerveiller ?
Je vous l'ai dit : j'acquitte une dette sacrée.
Comment donc vous convaincre ?

PIERRE.

O Marie adorée !
Je crois en toi; je t'aime et mon cœur t'appartient.

MARIE.

Tu m'aimes!

PIERRE.

Pour toujours! — Le bonheur me revient,
Avec lui j'ai repris la force et l'espérance.
Tiens! vois! j'ai secoué de mon corps la souffrance
Comme de mes habits la poudre du chemin.
Ainsi qu'au temps passé, nous chanterons demain
La chanson que chantait ma muse à son aurore.

MARIE.

Ta chanson d'autrefois, je veux la dire encore :

Elle chante.

Mignonne, allons voir si la rose,
Qui ce matin avait déclose
Sa robe de pourpre au soleil,
A point perdu, cette vêprée,
Les plis de sa robe pourprée
Et son teint au vôtre pareil?

PIERRE.

Le passé disparaît, et vous, jours écoulés,
Jours perdus, un instant vous a renouvelés!

MARIE.

Las! voyez comme en peu d'espace,
Mignonne, elle a dessus la place,
Las! Las! ses beautés laissé choir.
O vraiment marâtre nature!
Puis qu'une telle fleur ne dure
Que du matin jusques au soir!

PIERRE.

Elle renaît la fleur que je croyais flétrie.
J'aime, je suis aimé! — J'ai retrouvé Marie!

UNE VOIX D'HOMME

au lointain reprend et achève la chanson.

Donc si vous me croyez, Mignonne,
Tandis que votre âge fleuronne
En sa plus verte nouveauté,
Cueillez, cueillez votre jeunesse;
Comme à la rose, la vieillesse
Fera fanir votre beauté!

MARIE.

Entends-tu cette voix?

PIERRE.

Oui; j'entends.

MARIE.

C'est lui.

PIERRE.

Lui!

Qui donc?

MARIE.

Lui, mon espoir, comme toi mon appui.

PIERRE.

Un jeune homme?

MARIE.

Charmant!

PIERRE.

Qui t'aime?

MARIE.

Oh ! je l'espère !

Tu l'aimeras aussi ; tu seras comme un père
Pour nous deux.

PIERRE, à part.

Comme un père !... Oh ! mon Dieu !...

MARIE.

Le destin

L'avait fait comme moi pauvre, seul, orphelin,
Et bientôt...

PIERRE, toujours à part.

Quel réveil ! Innocence cruelle !...

Il est vrai, je ne puis qu'être un père pour elle.
Un père ! oui. — Le temps marche, et nous ne sentons
L'âge que rien n'arrête et qui vient, pas à pas, [pas
Argenter nos cheveux et ternir nos visages.

MARIE.

Que dites-vous, ami ?

PIERRE, toujours à part.

Nous nous croyons bien sages

Pour quelques ans de plus amoncelés sur nous.
Hélas ! nous devenons simplement de vieux fous.
Tais-toi, tais-toi, mon cœur ! Illusion étrange !
D'avoir cru, moi maudit, pouvoir plaire à cet ange !
— Compare ce visage avec tes traits flétris,
Vois ces beaux cheveux blonds près de tes cheveux gris !
Va, retourne à la Cour, où t'appelle la gloire,
Chanter ces vers hautains que redira l'histoire ;
Va flatter les ennuis de ton maître absolu...

11.

Quand l'Amour était là, tu n'en as pas voulu.
Vingt ans il t'attendit avec ta bien-aimée...
Sur elle et sur ton cœur la tombe s'est fermée.
A la fleur qui n'est plus succède une autre fleur;
Elle n'est pas pour toi. Remporte ta douleur!...

MARIE.

Mais parlez-moi! parlez!

PIERRE.

Tu ne saurais comprendre.
Retourne au bien-aimé. Là-bas il doit t'attendre...

MARIE.

Mais vous?

PIERRE, avec intention.

Adieu, MA FILLE!

MARIE.

Où courez-vous, mon Dieu?

PIERRE.

Prier au cimetière... et repartir... Adieu!

La voix du chanteur se rapproche. — MARIE tombe assise en pleurant sur le banc de pierre, tandis que PIERRE s'éloigne sans se retourner. — L'orchestre achève l'air en sourdine.

TABLE

	Pages
Sonnet I. A Marie Désirée.	1
II. La Bibliothèque	3
III. La tristesse de Marie.	4
IV. A Ronsard.	5
V. A. J. Soulary.	6
VI. L'Egyptienne.	7
VII. A Th. de Banville	8
VIII. A Cosette	9
IX. L'Impassible	10
X. Sur un album.	11
XI. A Oct. Lacroix	12
XII. Jeune fille aux pieds nus.	13
XIII. A Ant. de Latour	14
XIV. Regina cœli	15
XV. A Émile Péhant.	16
XVI. Attente.	17
XVII. A Cl. Girard	18
XVIII. Coquetterie	19
XIX. A Em. Grimaud.	20
XX. Marguerite	21

Pages

Sonnet XXI. A Emm. Phelippes-Beaulieux.   22
       XXII. A un Religieux   23
       XXIII. A Marie-Désirée, malade   24
       XXIV. A Mlle Loisy   25
       XXV. A Jules Breton   26
       XXVI. Pétrarque et l'ombre de Laure   27
       XXVII. L'invitation à la valse   28
       XXVIII. Immondices.   29
       XXIX. La beauté du Diable   30
       XXX. Soleil couchant   31
Rondeau I. A M. le comte Siméon   32
       II. M. Tartuffe   33
       III. Ch. Monselet   34
       IV. Ce que disent les fleurs.   35
Huitain   36
Neuvain   37
A Phelippes-Beaulieux, triolets   38
Positivisme   40
Le Couronnement de Guillaume   44
La Légende du Chevalier   49
O si...!   52
Le Pêcheur d'idées   53
Monsieur Printemps   55
Le Kieff.   58
Le Bonheur envolé·   61
Margaïte.   63
Les Oiseaux de C. Colomb   65
Toujours ensemble.   67
Vouée à la Vierge.   69
La Lettre au bon Dieu   71
L'Assemblée de Saint-Sulpice   73
Alba   78
Fidélité   79
Longue vie au Bulletin du Bouquiniste.   82
La Fleur amoureuse   85
Nahlé.   87
La Dormeuse   92

TABLE 165

Pages

La Diva 95
Le Médaillon 97
Panatella 99
Non et Oui 101
La Puissance d'un regard 104
A une dame 107
La Tristesse d'Ougami 109
Un mot 116
A M. de Beauchesne 117
La Lampe de nuit 121
Galatée 123
Fumée de cigare 125
Regret 128
El Desdichado 129
Le Voile sans la vocation 131
L'Infidèle 133
L'Extase 136
Une Odelette de Ronsard 139

BIBLIOTHÈQUE NATIONALE R.F. IMPRIMÉS

ACHEVÉ D'IMPRIMER PAR DAUPELEY-GOUVERNEUR

A NOGENT-LE-ROTROU

LE X AOUT M D CCC LXXV

PROSPER BLANCHEMAIN

POÉSIES

TOME CINQUIÈME

SONNETS ET FANTAISIES

IMPRIMÉS

À L'AVENTVRE

AVGVSTE AVBRY

PARIS

AUGUSTE AUBRY

Libraire de la Société des Bibliophiles Français

18, RUE SÉGUIER

1877

POÉSIES

DE

PROSPER BLANCHEMAIN

V

Tiré à petit nombre

PROSPER BLANCHEMAIN

POÉSIES

TOME CINQUIÈME

SONNETS ET FANTAISIES

PARIS

AUGUSTE AUBRY

Libraire de la Société des Bibliophiles Français

18, RUE SÉGUIER

—

1877

TABLE.

—

		Pages
Sonnet I. A Marie Désirée		1
II. La Bibliothèque		3
III. La tristesse de Marie		4
IV. A Ronsard		5
V. A. J. Soulary		6
VI. L'Egyptienne		7
VII. A Th. de Banville		8
VIII. A Cosette		9
IX. L'Impassible		10
X. Sur un album		11
XI. A Oct. Lacroix		12
XII. Jeune fille aux pieds nus		13
XIII. A Ant. de Latour		14
XIV. Regina cœli		15
XV. A Émile Péhant		16
XVI. Attente		17
XVII. A Cl. Girard		18
XVIII. Coquetterie		19
XIX. A Em. Grimaud		20
XX. Marguerite		21

13.

Pages

Sonnet XXI. A Emm. Phelippes-Beaulieux 22
    XXII. A un Religieux 23
    XXIII. A Marie-Désirée, malade 24
    XXIV. A Mlle Loisy. 25
    XXV. A Jules Breton 26
    XXVI. Pétrarque et l'ombre de Laure 27
    XXVII. L'invitation à la valse 28
    XXVIII. Immondices 29
    XXIX. La beauté du Diable 30
    XXX. Soleil couchant 31
Rondeau I. A M. le comte Siméon. 32
    II. M. Tartuffe 33
    III. Ch. Monselet 34
    IV. Ce que disent les fleurs 35
Huitain 36
Neuvain 37
A Phelippes-Beaulieux, triolets 38
Positivisme 40
Le Couronnement de Guillaume 44
La Légende du Chevalier 49
O si...! 52
Le Pêcheur d'idées 53
Monsieur Printemps 55
Le Kieff 58
Le Bonheur envolé. 61
Margaïle 63
Les Oiseaux de C. Colomb 65
Toujours ensemble 67
Vouée à la Vierge. 69
La Lettre au bon Dieu 71
L'Assemblée de Saint-Sulpice 73
Alba 78
Fidélité 79
Longue vie au Bulletin du Bouquiniste 82
La Fleur amoureuse 85
Nahlé 87
La Dormeuse 92
La Diva 95
Le Médaillon 97

TABLE   189

                                            Pages

Panatella.   99
Non et Oui   101
La Puissance d'un regard   104
A une dame.   107
La Tristesse d'Ougami   109
Un mot   116
A M. de Beauchesne   117
La Lampe de nuit.   121
Galatée   123
Fumée de cigare   125
Regret   128
El Desdichado   129
Le Voile sans la vocation   131
L'Infidèle.   133
L'Extase.   136
Une Odelette de Ronsard   139
Fleurette.   163

Imprimerie Gouverneur, G. Daupeley à Nogent-le-Rotrou,

PROSPER BLANCHEMAIN

Poésies : T. I. Poèmes et Poésies, 3ᵉ édition ; T. II. Foi, Espérance et Charité, 2ᵉ édition ; T. III. Idéal, 2ᵉ édition ; T. IV. Fleurs de France ; T. V. Sonnets et fantaisies. Cinq vol. in-18, tirés à 500 exemplaires ; plus 55 exemplaires in-8º. Paris, Aubry, 1866-1875. (Épuisé.)

OEuvres poétiques de Vauquelin DES YVETEAUX, réunies pour la première fois. Un vol. in-8º, tiré à 300 ex. Paris, Aubry, 1854.

OEuvres inédites de RONSARD. Un vol. in-16, tiré à 310 ex., plus un tirage à 25 ex. in-fol. et 25 in-4º. Paris, Aubry, 1855.

OEuvres complètes de P. DE RONSARD. Huit vol. in-16 (Biblioth. Elzevirienne). Paris, Daffis, 1857-1867, tirés à 1200 ex. (Presque épuisé.)

OEuvres poétiques de Fr. DE MAYNARD. Trois vol. in-18. Paris, Gay, 1864-1867, tirés à 100 exemplaires.

Poésies de Jacques TAHUREAU (du Mans). Deux vol. in-18. Genève, Gay, 1868, 1869, tirés à 100 exemplaires.

Élégies de J. DOUBLET, publiées pour la Société des Bibliophiles Normands, avec une préface et des notes. Rouen, 1869, petit in-4º, tiré à 100 exemplaires.

Le Plaisir des Champs, poème cynégétique par CL. GAUCHET. Un vol. in-16 (Bibliot. Elzevirienne). Paris, Daffis, 1869.

Poésies d'OLIVIER DE MAGNY (Amours, Gayetez et Souspirs). Trois vol. petit in-4º. Turin, Gay, 1869-1870, tirés à 100 exemplaires.

OEuvres complètes de MELIN DE SAINCT-GELAYS. Trois vol. in-16 (Bibl. Elzevirienne). Paris, Daffis, 1873, tirés à 1200 exemplaires.

Rondeaulx et vers d'amour de J. MARION. In-8º. Paris, Willem, 1873, tirés à 100 exemplaires.

Vie de R. Angot de l'Esperonnière, ses Bouquets poétiques et son Chef-d'œuvre poétique, publiés pour la Société Rouennaise de Bibliophiles. Trois vol. in-4º. Rouen, 1872-1873, tirés à 55 exemplaires.

Poésies de J. TAHUREAU, du Mans. 2 vol. in-12. Paris, Jouaust, 1870, tirés à 333 exemplaires.

OEuvres de Louise LABÉ. In-12. Paris, Jouaust, 1875, tirées à 350 exemplaires.

Poètes et Amoureuses, profils littéraires du xvıᵉ siècle. Paris, Willem, 1877, un vol. in-8º, orné de portraits.

OEuvres Poétiques de Malherbe, avec une notice et des notes. Paris, Jouaust, 1877. In-16 et in-8º.

Poésies de Courval-Sonnet. Paris, Jouaust, 1876-77. Trois vol. in-16.

Nouveaux satires et exercices de ce temps, par R. Angot de l'Eperonnière. Paris, Lemerre, 1877. In-16 elzevirien.

Sous presse : Poésies de Jean Passerat, de Marie de Romieu, etc.

PROSPER BLANCHEMAIN

Poésies : T. I. Poèmes et Poésies, 3ᵉ édition ; T. II. Foi, Espérance et Charité, 2ᵉ édition ; T. III. Idéal, 2ᵉ édition; T. IV. Fleurs de France ; T. V. Sonnets et fantaisies. Cinq vol. in-18, tirés à 500 exemplaires ; plus 55 exemplaires in-8°. Paris, Aubry, 1866-1875. (Épuisé.)

Œuvres poétiques de Vauquelin DES YVETEAUX, réunies pour la première fois. Un vol. in-8°, tiré à 300 ex. Paris, Aubry, 1854.

Œuvres inédites de RONSARD. Un vol. in-16, tiré à 310 ex., plus un tirage à 25 ex. in-fol. et 25 in-4°. Paris, Aubry, 1855.

Œuvres complètes de P. DE RONSARD. Huit vol. in-16 (Biblioth. Elzevirienne). Paris, Daffis, 1857-1867, tirés à 1200 ex. (Presque épuisé.)

Œuvres poétiques de Fr. DE MAYNARD. Trois vol. in-18. Paris, Gay, 1864-1867, tirés à 100 exemplaires.

Poésies de Jacques TAHUREAU (du Mans). Deux vol. in-18. Genève, Gay, 1868, 1869, tirés à 100 exemplaires.

Elégies de J. DOUBLET, publiées pour la Société des Bibliophiles Normands, avec une préface et des notes. Rouen, 1869, petit in-4°, tiré à 100 exemplaires.

Le Plaisir des Champs, poème cynégétique par CL. GAUCHET. Un vol. in-16 (Bibliot. Elzevirienne). Paris, Daffis, 1869.

Poésies d'OLIVIER DE MAGNY (Amours, Gayetez et Souspirs). Trois vol. petit in-4°. Turin, Gay, 1869-1870, tirés à 100 exemplaires.

Œuvres complètes de MELIN DE SAINCT-GELAYS. Trois vol. in-16 (Bibl. Elzevirienne). Paris, Daffis, 1873, tirés à 1200 exemplaires.

Rondeaulx et vers d'amour de J. MARION. In-8°. Paris, Willem, 1873, tirés à 100 exemplaires.

Vie de R. Angot de l'Esperonnière, ses Bouquets poétiques et son Chef-d'œuvre poétique, publiés pour la Société Rouennaise de Bibliophiles. Trois vol. in-4°. Rouen, 1872-1873, tirés à 55 exemplaires.

Poésies de J. TAHUREAU, du Mans. 2 vol. in-12. Paris, Jouaust, 1870, tirés à 333 exemplaires.

Œuvres de Louise LABÉ. In-12. Paris, Jouaust, 1875, tirées à 350 exemplaires.

Poètes et Amoureuses, profils littéraires du XVIᵉ siècle. Paris, Willem, 1877, un vol. in-8°, orné de portraits.

Œuvres Poétiques de Malherbe, avec une notice et des notes. Paris, Jouaust, 1877. In-16 et in-8°.

Poésies de Courval-Sonnet. Paris, Jouaust, 1876-77. Trois vol. in-16.

Nouveaux satires et exercices de ce temps, par R. Angot de l'Eperonnière. Paris, Lemerre, 1877. In-16 elzevirien.

Sous presse : Poésies de Jean Passerat, de Marie de Romieu, etc.

AUTRES PUBLICATIONS

DE

PROSPER BLANCHEMAIN

Poésies : T. I. Poèmes et Poésies, 3ᵉ édition ; T. II. Foi, Espérance et Charité, 2ᵉ édition ; T. III. Idéal, 2ᵉ édition. Trois vol. in-18, tirés à 5oo exemplaires ; plus 55 exemplaires in-8º. Paris, Aubry, 1866.

Œuvres poétiques de Vauquelin DES YVETEAUX, réunies pour la première fois. Un vol. in-8º, tiré à 3oo ex. Paris, Aubry, 1854.

Œuvres inédites de RONSARD. Un vol. in-16, tiré à 3io ex., plus un tirage à 25 ex. in-fol et 25 in-4º. Paris, Aubry, 1855.

Œuvres complètes de P. DE RONSARD. Huit vol. in-16 (Biblioth. Elzevirienne). Paris, Daffis, 1857-1867, tirés à 1200 exemplaires.

Œuvres poétiques de Fr. DE MAYNARD. Trois vol. in-18. Paris, Gay, 1864-1867, tirés à 100 exemplaires.

Poésies de Jacques TAHUREAU (du Mans). Deux vol. in-18. Genève, Gay, 1868, 1869, tirés à 100 exemplaires.

Elégies de J. DOUBLET, publiées pour la Société des Bibliophiles Normands, avec une préface et des notes. Rouen, 1869, petit in-4º, tiré à 100 exemplaires.

Le Plaisir des Champs, poème cynégétique. Un vol. in-16 (Bibl. Elzevirienne). Paris, Daffis, 1869, tiré à 1200 exemplaires.

Poésies d'OLIVIER DE MAGNY (Amours, Gayetez et Souspirs). Trois vol. petit in-4º. Turin, Gay, 1869-1870, tirés à 100 exempl.

Œuvres complètes de MELIN DE SAINCT-GELAYS. Trois vol. in-16 (Bibl. Elzevirienne). Paris, Daffis, 1873, tirés à 1200 exemplaires.

Rondeaulx et vers d'amour de J. MARION. In-8º. Paris, Willem, 1873, tirés à 100 exemplaires.

Vie de R. Angot de l'Esperonnière, ses Bouquets poétiques et son Chef-d'œuvre poétique, publiés pour la Société Rouennaise de Bibliophiles. Trois vol. in-4º. Rouen, 1872-1873, tirés à 55 exempl.

Poésies de J. TAHUREAU, du Mans. 2 vol. in-12. Paris, Jouaust, 1870, tirés à 333 exemplaires.

Œuvres de Louise LABÉ. In-12. Paris, Jouaust, 1875, tirées à 35o exemplaires, etc., etc.

Sous presse : Poètes et Amoureuses du XVIᵉ siècle, études biographiques et littéraires ; Poésies de Malherbe, de Passerat, de Courval-Sonnet, de l'Esperonnière, etc.

www.ingramcontent.com/pod-product-compliance
Lightning Source LLC
Chambersburg PA
CBHW072021080426
42733CB00010B/1783